改訂新版
算数科教育の基礎・基本

算数科授業研究の会 著

熊倉啓之／近藤　裕／佐々木徹郎／鈴木明裕／瀬沼花子／相馬一彦
二宮裕之／日野圭子／松島　充／松元新一郎／山崎浩二

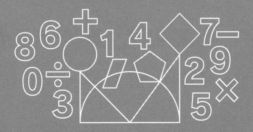

明治図書

はじめに

　本書は，算数教育の基本的な事項について，それぞれ見開き2ページを原則に解説したものです。小学校学習指導要領が2017年（平成29年）に告示されて2020年度から全面実施されることに伴い，新教育課程に対応するとともに，これからの算数教育の方向を見据えて，これまでの『改訂版　算数科教育の基礎・基本』（明治図書，2010）をさらに改訂しました。

　基本的な事項として計62項目を取り上げ，算数教育に関する一通りの指導内容や授業を構想する上での視点が概観できるようになっています。また，事項や用語の解説だけではなく，その背景や先へのつながり，子どもの考え方や一層深く追究する際の着眼点などが適宜盛り込まれています。

　本書は，ⅠからⅥの6つの章から構成されています。第Ⅰ章「新しい算数科の目標」では，算数教育の目標と目的，数学的活動などについて，その方向や重点をまとめました。第Ⅱ章から第Ⅴ章では，新学習指導要領での算数科の領域ごとに重要な項目をピックアップし，指導内容とその扱いを中心にまとめました。第Ⅵ章「新しい算数授業の実践」では，算数授業をつくる上での着眼点や学習指導案の作成に関する留意点などについてまとめ，最後に，算数教育の歴史的変遷について概観しています。

　なお，本書は全般において前書（2010）を参考にして執筆しました。前書の執筆者の方々にお礼申し上げます。記述の内容については，奥付に示す執筆分担者に負っています。

　「深く，そして読みやすく」をモットーに編集された本書が，算数教育に関わっている先生方，算数教育を考える皆様，そして教師をめざす学生の皆様のお役に立つことを願っています。

　2018年12月

算数科授業研究の会―五十音順―
　熊倉啓之／近藤　裕／佐々木徹郎／鈴木明裕／瀬沼花子／相馬一彦／二宮裕之／日野圭子／松島　充／松元新一郎／山崎浩二

◆◆目次◆◆

はじめに

Ⅰ　新しい算数科の目標

§1　新しい時代に求められる資質・能力・08　　育成を目指す資質・能力／キー・コンピテンシー／変容する社会：情報化と国際化／内容ベイスから「資質・能力ベイス」へ

§2　思考力・判断力・表現力等の育成・10　　「確かな学力」と学力の三要素／汎用的能力の育成／方法的能力

§3　数学的な見方・考え方・12　　数学的な見方・考え方の位置づけ／数学的な見方・考え方の働き／数学的な見方・考え方を如何に働かせるか／数学的な考え方

§4　数学的活動・14　　数学的活動を通しての指導／数学的活動を楽しむこと／見通しをもって数学的活動に取り組み、振り返ること／数学的活動における留意事項

§5　算数教育の目標と目的・16　　学習指導要領（平成29年告示）における算数科の目標／算数・数学教育における３つの目的／算数教育における文化的目的

Ⅱ　「数と計算」の内容

§1　数・18　　集合数と順序数／合成分解の指導／10の合成分解／関数的な見方の素地指導

§2　十進位取り記数法・20　　記数法／十進法の原理／位取りの原理と０の発明／位取り記数法のよさ／命数法

§3　加法・22　　加法の意味／加法の場面／加数分解・被加数分解・両数分解

§4　減法・24　　減法の意味／減法の場面／減加法・減々法

§5　暗算・筆算・26　　暗算／加法・減法の筆算／筆算の指導

§6　乗法・28　　乗法の意味／乗法のモデル／乗法九九の構成

§7　除法・30　　除法の意味／除法のモデル／あまりのある除法

§8　乗法の筆算・32	筆算の導入／2位数どうしの乗法の筆算／2位数どうしの乗法の筆算における誤答
§9　除法の筆算・34	筆算の導入／仮商のたて方／除法の筆算における誤答
§10　数直線・36	数直線／数直線のかき方とよみ方／計算の指導と数直線
§11　式の表現と読み・38	式で表すことの意味／式を読むことの指導／□や△を用いた式
§12　概数と見積り・40	概数が用いられる場合／四捨五入／概数を計算や日常生活に生かすこと
§13　整数の性質・42	偶数・奇数／約数／公約数・最大公約数／倍数／公倍数・最小公倍数／身の回りで使われている整数の性質
§14　分数の意味と表し方・44	分数の意味／分数の表現／分数の性質
§15　小数の意味と表し方・46	小数の意味／小数の表現
§16　小数・分数指導の系統と関連・48	2年での指導／3年，4年での指導／5年での指導
§17　小数の加法・減法・50	加法や減法の式に表すこと／加法の計算の仕方を考える／減法の計算の仕方を考える
§18　小数の乗法・52	乗法の意味の拡張／計算の仕方を考える
§19　小数の除法・54	除法の意味の拡張／計算の仕方を考える
§20　分数の加法・減法・56	同分母の分数の加法・減法／大きさの等しい分数／異分母の分数の加法・減法／通分・約分
§21　分数の乗法・除法・58	分数の乗法及び除法の意味／分数×整数，分数÷整数の計算／分数×分数，分数÷分数の計算

Ⅲ　「図形」の内容

§1　「図形」指導のねらい・60	図形指導のねらい／基本的な図形／図形学習における数学的活動
§2　図形概念の形成，二等辺三角形・62	ものの形への着目／図形を構成する要素への着目／図形概念の形成―文章表現と直観的イメージと―／定義に基づいて図をかく
§3　平行四辺形・台形・ひし形・64	2直線の平行・垂直／1つの直線に垂直な2つの

　　　　　　　　　　　　　　　　　　直線／平行四辺形・台形・ひし形／四角形の対角線

§4　平面図形の性質・66　　平面図形の性質／論理的な考え／「論理的な考え」の指導

§5　図形の合同，縮図・拡大図・68　　図形の合同／合同な図形をかく／縮図・拡大図／縮図・拡大図をかく／身の回りから縮図や拡大図を見いだし活用する

§6　対称な図形，図形の操作・70　　対称な図形／対称性の観点から既習の図形を捉え直す／対称な図形を見つけ楽しむ／ずらす・回す・裏返す／平面図形の敷き詰め

§7　平面図形の面積と角・72　　正方形及び長方形の面積／面積の単位／三角形，平行四辺形，ひし形及び台形の面積／角の大きさと単位

§8　円と球・74　　円／コンパスの使用／円周率／円の面積／球

§9　立体図形・76　　身の回りにある立体の観察／箱の形／立方体・直方体／角柱・円柱

§10　見取図・展開図とものの位置の表し方・78　　見取図／展開図／立体模型と見取図・展開図／ものの位置の表し方

§11　立体図形の体積・80　　直方体及び立方体の体積／体積の単位とかさの単位／角柱及び円柱の体積

Ⅳ　「測定，変化と関係」の内容

§1　「測定」指導のねらい・82　　比較から測定へ／量の4段階指導

§2　長さ・84　　長さの直接比較／長さの間接比較／長さの任意単位／長さの普遍単位／ものさし・巻き尺

§3　時刻と時間・86　　時刻と時間の指導／時刻の読み方／時間の単位と関係／時刻と時間の求め方

§4　単位・88　　基本単位，組立単位とメートル法／普遍単位と任意単位／単位の選択と量感／単位の関係の考察

§5　「変化と関係」指導のねらい・90　　伴って変わる2つの数量の変化や対応の特徴の考察／2つの数量の関係どうしの割合を用いた考察

§6　変わり方・92　　関数の考え／表・グラフ・式

§7　比例・反比例・94　　比例の意味／比例・反比例の式とグラフ／比例関

	係の利用
§8　割合・96	割合の例題／百分率／割合の3用法
§9　単位量当たりの大きさ・98	単位量当たりの考え方／速さ／平均の速さ
§10　比・100	比の値／比の相等／活用問題事例（比例配分）／中学校へのつながり

V　「データの活用」の内容

§1　「データの活用」指導のねらいと目指す資質・能力・102	データの活用（統計）の指導のねらい／この領域で育成を目指す資質・能力／統計的な問題解決活動と多面的・批判的に考察することの関係
§2　統計データの種類・データをまとめる表・104	統計データの種類／1次元表／2次元表／度数分布表
§3　統計データをまとめるグラフ1・106	絵グラフ・○グラフ／棒グラフ／折れ線グラフ／円グラフ・帯グラフ
§4　統計データをまとめるグラフ2・代表値・108	ドットプロット／柱状グラフ（ヒストグラム）／適切なグラフを選択して判断すること／代表値／分布の様子や目的にあった代表値の選択

VI　新しい算数授業の実践

§1　問題解決・110	外国からみた日本の問題解決／問題解決の過程／関心・意欲の喚起
§2　多様な考えを生かす指導・112	解法の多様性／個を生かす／多様な考えの評価の重要性
§3　オープンエンドによる指導・114	創造性の育成／オープンエンドによる指導の開発の経緯と発展の状況／オープンエンドの問題の型／オープンエンドの問題を利用した評価
§4　問題の発展的な指導・116	問題をつくることのよさ／国内外における問題づくりの指導／問題の発展的な指導の過程／問題の発展的な指導の事例／多様な考えを生かす指導やオープンエンドによる指導との違い／問題の発展的な指導の評価
§5　コンピュータの活用・118	情報化対応／学習指導要領では／世界の状況／電卓の利用例／コンピュータの利用例

§6	指導計画の作成・120	年間の指導計画／単元の指導計画
§7	学習指導案の作成・122	本時の目標／学習指導案の形式／「指導上の留意点」の充実
§8	授業形態・124	一斉学習／小集団学習（グループでの学習）／個別学習
§9	学習の評価・126	指導と評価／診断的評価，形成的評価，総括的評価／観点別学習状況の評価
§10	戦前の算数教育の変遷・128	黒表紙教科書／数学教育改良運動／緑表紙教科書
§11	戦後の算数教育の変遷・130	Ⅰ 「生活単元学習」（昭和22，26年〜）／Ⅱ 「系統学習」（昭和33年〜）／Ⅲ 「現代化」（昭和43年〜）／Ⅳ 「基礎・基本」（昭和52年〜）／Ⅴ 「質的な充実」（平成元年〜）／Ⅵ 「生きる力」（平成10年〜）／Ⅶ 「生きる力（継続）」（平成20年〜）／Ⅷ 「資質・能力」（平成29年〜）

I 新しい算数科の目標

§1 新しい時代に求められる資質・能力

■育成を目指す資質・能力■

　平成28年12月の中央教育審議会答申では，予測困難な社会の変化に主体的に関わり，感性を豊かに働かせながら，どのような未来を創っていくのか，どのように社会や人生をよりよいものにしていくのかという目的を自ら考え，自らの可能性を発揮し，よりよい社会と幸福な人生の創り手となる力を身に付けられるようにすることが重要であるとしている。ここでは，汎用的な能力の育成を重視する世界的な潮流を踏まえつつ，知識及び技能と思考力・判断力・表現力等をバランスよく育成していくことが重要であるとした。そして教育課程全体を通して育成を目指す資質・能力を，ア「何を理解しているか，何ができるか（生きて働く「知識・技能」の習得）」，イ「理解していること・できることをどう使うか（未知の状況にも対応できる「思考力・判断力・表現力等」の育成）」，ウ「どのように社会・世界と関わり，よりよい人生を送るか（学びを人生や社会に生かそうとする「学びに向かう力・人間性等」の涵養）」の三つの柱に整理している。

■キー・コンピテンシー■

　同様の事柄について，経済協力開発機構（OECD）は「コンピテンシー」という概念を用いて，これからの社会に求められる能力（キー・コンピテンシー）を次のように規定している。

　①　社会・文化的，技術的ツールを相互作用的に活用する能力
　②　多様な社会グループにおける人間関係形成能力
　③　自律的に行動する能力

　これら3つのキー・コンピテンシーの背景には，個人が深く考え行動することの必要性や，「変化」，「複雑性」，「相互依存」などに特徴づけられる新

たな社会への対応の必要性が位置づけられている。

■変容する社会：情報化と国際化■

21世紀を迎えて早20年近くが経過しているが，社会の変化はますます激しくなってきている。これからの時代を示すキーワードに「情報化」や「国際化」などがあるが，これらを総括して一言でいえば「これまでの『当たり前』が通用しなくなる社会」が到来していると見ることができる。例えば，旧来の教育では「子どもたちが将来社会に出て必要になる知識や技能を，予め学校できちんと教え，社会に送り出す」ことが学校の使命であった。しかし，高度情報化に伴い激しく変化する社会において，子どもたちが社会に出て活躍するであろう30年・40年後に必要となる知識・技能を予測して，それを予め学校で教えようというのはほとんど不可能に近い。或いは，日本の常識が通用しないような，異なる文化を持つ国の人々と深く関わりを持つような機会もますます増えてくる。これからの時代に求められる資質・能力とは，「自分の知らないこと，分からないこと，困ったことに遭遇した際に，自分自身でそれを何とかして解決することのできること」であり，それは例えば「自分で問題を見出し」「それを自分で解決する」ことのできる力である。「教えられたことを，教えられた通りに，正しく確実に再現する」といった旧来的な教育目標とは大きく異なる。

■内容ベイスから「資質・能力ベイス」へ■

これからの算数教育において，「数学的知識・技能の習得」はもはやその目的にはなり得ず，数学的知識・技能の習得を通して『どのような資質・能力を培うか』が問われてくる。知識・技能についても，教育課程全体を通して「生きて働く知識・技能」を習得することが求められている。内容ベイスから『資質・能力ベイス』の学びへの転換とも言われるが，算数科における学習指導のゴールも，「資質・能力の育成」へとシフトする。算数科におけるこれからの学習指導は，単に知識・技能の獲得を目指すものでなく，獲得された知識・技能が生きて働くものになっているか，そのことがどのような資質・能力の獲得につながるか，について深く留意されなければならない。

§2　思考力・判断力・表現力等の育成

■「確かな学力」と学力の三要素■

　平成29年3月告示の学習指導要領（以下，次期学習指導要領）では，全ての教科の目標及び内容を「知識及び技能」「思考力・判断力・表現力等」「学びに向かう力・人間性等」の三つの柱で再整理している。

　一般に，学力の三要素として以下の3点が指摘されている。

　①　基礎的知識・技能の習得
　②　知識・技能を活用して課題解決を図る思考力・判断力・表現力の育成
　③　主体的に学習に取り組む態度

この中でも特に，②の「思考力・判断力・表現力の育成」は，汎用的能力や方法的能力とも呼ばれ，学習を進める際に必要不可欠な能力であるとされる。

　平成15年3月の中央教育審議会答申では「確かな学力」の育成が求められ，その具体的な要素として，以下の8点があげられた。

　知識・技能，学ぶ意欲，思考力，判断力，表現力，
　問題解決能力，課題発見能力，学び方

この中で，①基礎的知識・技能の習得に該当するのは「知識・技能」，③主体的に学習に取り組む態度に該当するのは「学ぶ意欲」であるのに対して，残り6つは「②知識・技能を活用して課題解決を図る思考力・判断力・表現力の育成」に該当するものである点に注目したい。これらの能力は，学習を進める際の手立てとして機能する諸能力であり，これらの能力を使って算数を学ぶとともに，算数を学ぶことを通してその獲得が期待される能力である。

■汎用的能力の育成■

　主体的・対話的で深い学び（アクティブ・ラーニング）は「汎用的能力の育成を図る」ものとされる（中央教育審議会，2012）。ここで言う『汎用的能力』は，認知的，倫理的，社会的能力，教養，知識，経験，などを含むが，これらは「学習の内容」に対する「学習の方法」に係る諸能力としてまとめ

ることができる。言い換えれば，学習を進めていくために必要となる能力であり，それは文部科学省の言う「思考力・判断力・表現力等」と同義である。

■**方法的能力**■

　算数・数学教育では従来，その「内容」の習得に大きな重点が置かれてきた。その背景には算数・数学の内容が持つ強い系統性があり，算数・数学の系統を理解することに大きな価値が置かれていたからである。しかし1989年に全米数学教師協議会（National Council of Teachers of Mathematics：NCTM）が刊行した『学校数学におけるカリキュラムと評価のスタンダード』が，教科の内容に依存しない汎用的な技能（方法）のスタンダードを提案したことで，教科の捉え方は劇的に変容した。NCTMのスタンダードは，「数と演算，代数，幾何，測定，データ解析と確率」といった算数・数学の内容に関わる『内容スタンダード』と，算数・数学の内容領域を横断する「問題解決，推論と証明，コミュニケーション，内容のつながり，表現」といった『プロセス・スタンダード』と呼ばれるものに大別されている。プロセス・スタンダードとは，学習の過程（プロセス）において必要とされる能力であり，別の言い方をすれば，学習の方法に関わる諸能力の育成について述べたものである。プロセス・スタンダードを達成していくことは，アクティブ・ラーニングで言うところの「汎用的能力」，即ち文部科学省の言う「思考力・判断力・表現力等」の育成へつながるものと考えられる。

　方法的能力は，それを直接習得することはできない。必ず，適切な内容の学習を伴い，内容の学習を通して習得されるべきものである。それは望ましい問題解決を進める数学的活動を通して習得されるものであり，また逆に，習得された方法的能力を有効に用いることで，望ましい問題解決は進められる。方法的能力は一方で「学習を進めるための方法」として位置づくとともに，他方で「学習の目的としての『習得されるべき能力』」でもある。文部科学省の言う「思考力・判断力・表現力等の育成」は，それらの方法的能力を算数の内容の学習に利用・活用することを意図するとともに，算数の内容の学習を通してその能力を育成するという2つの視点を内包している。

§3　数学的な見方・考え方

　次期学習指導要領では，児童が各教科等の特質に応じて物事を捉える視点や考え方（見方・考え方）を働かせながら，目標に示す資質・能力の育成を目指している。

■数学的な見方・考え方の位置づけ■

　「数学的な見方・考え方」に相当する概念はこれまで，算数科の目標に位置づけられたり，評価の観点として用いられたりしてきた。次期学習指導要領は，育成を目指す資質・能力の三つの柱を明確化したことにより，「数学的な見方・考え方」は，算数の学習において，どのような視点で物事を捉え，どのような考え方で思考をしていくのかという，物事の特徴や本質を捉える視点や，思考の進め方や方向性を意味するものとなった。

　「数学的な見方・考え方」のうち『数学的な見方』は，「事象を数量や図形及びそれらの関係についての概念等に着目してその特徴や本質を捉えること」とされている。一方『数学的な考え方』は，「目的に応じて数，式，図，表，グラフ等を活用しつつ，根拠を基に筋道を立てて考え，問題解決の過程を振り返るなどして既習の知識及び技能等を関連付けながら，統合的・発展的に考えること」とされている。そして「数学的な見方・考え方」は，「事象を数量や図形及びそれらの関係などに着目して捉え，根拠を基に筋道を立てて考え，統合的・発展的に考えること」として整理された。

■数学的な見方・考え方の働き■

　「数学的な見方・考え方」を働かせながら知識・技能を習得したり，習得した知識・技能を活用して探究したりすることにより，習得された知識・技能は「生きて働く知識」となる。そのような知識の習得は，技能の習熟・熟達につながるとともに，より広い領域や複雑な事象に関する「思考力・判断力・表現力等」の育成にもつながる。また「学びに向かう力・人間性等」についても，「数学的な見方・考え方」を通して社会や世界にどのように関わ

っていくかが大きく作用している。「数学的な見方・考え方」は資質・能力の三つの柱である「知識及び技能」「思考力・判断力・表現力等」「学びに向かう力・人間性等」のすべてに対して働かせるべきものと捉えることができる。そしてまた逆に，望ましい算数の学習を通じて「数学的な見方・考え方」はさらに豊かで確かなものとなっていくと考えられる。

■**数学的な見方・考え方を如何に働かせるか**■

「数学的な見方・考え方」は，数学的に考える資質・能力を支え，方向付けるものである。そのため，算数の学習が創造的に行われるために欠かせない要件である。また，児童一人一人が目的意識をもって問題解決に取り組む際に，積極的に働かせていくべきものでもある。「数学的な見方・考え方」は，学校における算数・数学の学習の中で働かせるだけではなく，大人になって生活していくに当たっても重要な働きをするものとなる。算数の学びの中で鍛えられた見方・考え方を働かせながら，世の中の様々な物事を理解し，思考し，よりよい社会や自らの人生を創り出していくことが期待される。

■**数学的な考え方**■

我が国においては，古くから「数学的な考え方」についての研究が深く進められてきた。その中の1つ，片桐(1988)では次のようにまとめられている。

 1 方法に関わる数学的な考え方
  ①帰納的な考え ②類推的な考え ③演繹的な考え
  ④統合的な考え ⑤発展的な考え ⑥抽象的な考え
  ⑦単純化の考え ⑧一般化の考え ⑨特殊化の考え
  ⑩記号化の考え
 2 内容に関わる数学的な考え方
  ①単位の考え ②表現の考え ③操作の考え
  ④アルゴリズムの考え ⑤総括的把握の考え ⑥基本的性質の考え
  ⑦関数的な考え ⑧式についての考え

算数科では特に「考えること」が重要である。他教科に先立ち，教科の中核をなすものとして従来から位置づいている点に留意したい。

〈引用・参考文献〉『小学校学習指導要領（平成29年告示）解説　算数編』
　　　　　　　片桐重男（1988）『数学的な考え方の具体化』明治図書出版

§4 数学的活動

　次期学習指導要領において，従来の「算数的活動」は「数学的活動」と改められた。どのような「数学的な見方・考え方」を働かせて数学的活動を行い，どのような「知識・技能」及び「思考力・判断力・表現力等」を身に付けることを目的として数学的活動を行うかを明確にすることが必要である。

■数学的活動を通しての指導■

　次期学習指導要領における算数科の目標では，「数学的な見方・考え方を働かせ，数学的活動を通して，数学的に考える資質・能力を次のとおり育成することを目指す」と述べられている。ここで，「数学的活動を通して」という文言は，「数学的に考える資質・能力を育成すること」につながる。小学校において育成を目指す資質・能力（生きて働く知識・技能，思考力・判断力・表現力等，学びに向かう力・人間性等）は，児童が数学的活動に取り組み，教師が適切に指導を行うことによって実現する。つまり数学的活動は，基礎的・基本的な知識・技能を確実に身に付けたり，思考力・判断力・表現力等を高めたり，算数を学ぶことの楽しさや意義を実感したりするために重要な役割を果たすものである。

■数学的活動を楽しむこと■

　次期学習指導要領における算数科の目標には，「数学的活動の楽しさや数学のよさに気付くこと」も示されている。数学的活動の楽しさとは，児童が算数の問題を見いだし自立的・協働的に問題を解決する過程を遂行するという数学的活動，それ自体に楽しみを見いだすことである。単に楽しく活動をしたり，自分で問題が解けてうれしいといったことだけではなく，数学的な見方・考え方が豊かになることによる楽しさ，自ら問いをもち自立的に考えること自体の楽しさ，友達と協働的に学び合うことで自分の考えや集団としての考えが広がったり深まったりすることの楽しさ，自分の説明で友達が分かってくれた楽しさ，問題解決の過程や結果を振り返って統合的・発展的に

考えることの楽しさ，などを意図している。
　教師は，児童がこのように数学的活動を楽しめるようにする機会を設けることが大切である。また，こうした経験を基にして，児童が算数を学習する意義や必要性について自らに問いかけ，自分なりの答えを見いだすことができるようにすることに配慮することも大切である。

■見通しをもって数学的活動に取り組み，振り返ること■

　数学的活動は，基本的には問題解決の形で行われる。その過程では，児童が見通しをもって活動に取り組めるよう配慮する必要がある。また問題は教師が提示するだけでなく，児童が自ら問題を見いだす機会を設けることが大切とされる。その解決の過程では，問題を解決するために既習の何を用いるか，どのように表現・処理するかについて構想を立てられるよう指導したい。また，得られた結果については，それが当初想定していたものと異なっていても，自らの活動を振り返り評価することにより，それをよりよいものに改めたり，新しい問題を得ることができるようにしたい。このようなことを体験することは，児童の自立的な活動を促すためにとても重要である。

■数学的活動における留意事項■

　数学的活動は，基礎的・基本的な知識・技能を確実に身に付けたり，思考力・判断力・表現力等を高めたり，算数を学ぶことの楽しさや意義を実感したりするために重要な役割を果たすものである。算数の学習指導は，児童が数学的活動を行う中でなされるべきであるとされている。数学的活動の一層の充実を図るために，以下の点に留意すべきであろう。

・数学的活動を楽しめるようにする機会を設けること。
・算数の問題を解決する方法を理解するとともに，自ら問題を見いだし，解決するための構想を立て，実践し，その結果を評価・改善する機会を設けること。
・具体物，図，数，式，表，グラフ相互の関連を図る機会を設けること。
・友達と考えを伝え合うことで学び合ったり，学習の過程と成果を振り返り，よりよく問題解決できたことを実感したりする機会を設けること。

§5 算数教育の目標と目的

■学習指導要領（平成29年告示）における算数科の目標■

小学校学習指導要領の算数科の目標は，次のとおりである。

　　数学的な見方・考え方を働かせ，数学的活動を通して，数学的に考える資質・能力を次のとおり育成することを目指す。
　　(1) 数量や図形などについての基礎的・基本的な概念や性質などを理解するとともに，日常の事象を数理的に処理する技能を身に付けるようにする。
　　(2) 日常の事象を数理的に捉え見通しをもち筋道を立てて考察する力，基礎的・基本的な数量や図形の性質などを見いだし統合的・発展的に考察する力，数学的な表現を用いて事象を簡潔・明瞭・的確に表したり目的に応じて柔軟に表したりする力を養う。
　　(3) 数学的活動の楽しさや数学のよさに気付き，学習を振り返ってよりよく問題解決しようとする態度，算数で学んだことを生活や学習に活用しようとする態度を養う。

■算数・数学教育における3つの目的■

一般に，算数・数学教育の目的には，大きく「実用的目的」「陶冶的目的」「文化的目的」の3つがあるとされている。

　　実用的目的：学んだ算数・数学が直接何かの役に立つ
　　陶冶的目的：学んだ算数・数学それ自体が直接何かの役に立つということではないが，算数・数学を学ぶことを通して身につけた様々な能力や経験が別のところで間接的に何かの役に立つ。
　　文化的目的：学んだ算数・数学そのものが何かの役に立つということは全くないが，算数・数学を学ぶことそれ自体に価値がある。

数や図形の認識ができないと日常生活で困る（実用的目的），算数・数学を学ぶことを通して「論理的思考力」を身に付ける（陶冶的目的），といっ

た側面は確かに重要である。ただ，これからの算数教育を「何かの役に立つから」という視点だけで意味づけようとすることには，限界があるように思われる。果たして児童に対して，将来の「受験」以外で算数・数学が「役に立つ」ことや，算数・数学を学ぶ意義を実感させることができるだろうか。「役に立つ」「得をする」といった損得勘定とは別の動機を喚起させたい。

■算数教育における文化的目的■

　これら算数科の目標・目的は，児童からの「どうして算数なんか勉強しなくちゃいけないの？？」という素朴な疑問に十分応えきれているだろうか。算数を学ぶ側，特に算数を学ぶ意義を見いだせずにいる児童の立場に立ってみると，このような文言に大きな説得力があるようには思えない。

　これからの算数教育においては，「何の役に立つのかよく分からないけど，何だかおもしろいからやってみる／やってみたい」といった感覚を是非児童に味わわせたい。算数教育における文化的目的とは，人類がその歴史の中で営々と築き上げてきた「数学」という文化を学習者が享受すること，さらにはそれを後世に伝えることである。もっとも，そのように大上段に構えるまでもなく，「算数っておもしろいな」「算数を勉強して楽しかった」といった実感を児童に感得させることが，算数教育の文化的目的に叶う算数の実際であると捉えることができる。

　そのためには，算数の楽しさ・おもしろさ・素晴らしさを教師自身が実感するとともに，それを児童に伝えることが必要である。そして，児童が実感として「楽しい・おもしろい・素晴らしい」と思うことが重要である。ここに算数指導の本質があると言っても過言ではない。そして，「楽しさ・おもしろさ・素晴らしさ」を感じる前提として，「できた」「分かった」という経験も必要である。児童が「できた」と実感できるような指導，「分かった」と納得するような指導が，その大前提において求められる。しかも，単に「できた」「分かった」だけで終わらせることなく，児童に「おもしろいな」と感じさせ，さらには「もうちょっとやってみよう」と思わせる指導を行うことが，特にこれからの算数おいて求められている。

　　　　　　　　　　　　　　　　　　　　　　　　　　（二宮裕之）

II 「数と計算」の内容

§1 数

■集合数と順序数■

　小学校算数では，自然数（正の整数）と０を総称して整数と呼ぶ。自然数はものの多さに着目した数の概念である。みかん３個からなる集合Ａ ｛○，○，○｝ とりんご３個からなる集合Ｂ ｛△，△，△｝ の要素に一対一対応がつけられるとき，集合Ａと集合Ｂは対等であるという。この集合Ａと集合Ｂの要素に一対一対応がつけられるすべての集合に関して，共通する性質が数３という数概念である。このように集合の要素の個数で定義される数を集合数という。

　順序数は，集合の要素を整列させ，個別の要素にその整列の順序を数として対応づけたものである。本来順序数は，整列した集合の要素どうしの長さを比較するためのものである。順序数は，序数とも呼ばれる。

■合成分解の指導■

　10までの数の構成を行うとき，１つの数を２数の和や差でみる見方がある。例えば，６という数について「４と２を合わせてできた数」（合成）と捉える見方と「２つに分けて，１つが４で，もう１つが２」（分解）と捉える見方である。この両方の見方が，加法・減法の素地となる。合成分解の指導は，ブロックやおはじき等の半具体物の操作を通して，念頭で数の構成ができることが大切である。操作から念頭での操作へと移行するには次のような活動がある。

① 　具体物を用いて，ある数がいくつといくつになるかを調べる。
② 　半具体物を用いて，ある数がどんな２数の組になっているかを調べる。
③ 　半具体物などで調べた数の組を数字を用いて表す。
④ 　数だけで合成分解ができる。

①では，子どもに身近な具体物を使用するとよい。②では，2人1組で，1人がおはじきを両手に分けて持つ。片方の手の中にあるおはじきの数を見せて，もう片方の手の中にあるおはじきの数を相手に当てるという活動等がある。③では，数の合成，分解を「5と3で8」，「8は5と3」のように，2通りの表し方で表すことが大切である。④では，数字カードなどを用いた数の構成活動のゲーム等を繰り返し行うとよい。

■10の合成分解■

数の合成分解の中で特にていねいに指導したいのが，10の扱いである。10の合成分解は，この後で学習する繰り上がりのある加法や繰り下がりのある減法の基礎となるからである。例えば，8＋6という計算は，途中で10をつくるという過程がある。10をつくるために6を2と4に分けて，8＋2＝10，10＋4＝14という計算を行う。ここでは，「8があといくつで10になるか」ということが，6を2と4に分ける根拠になる。減法についても同様である。そのため10の合成分解は，半具体物を用いた活動を通して，次第に数だけでできるようにすることが大切である。繰り上がりのある加法の学習前までに習熟しておくことが指導のポイントである。

■関数的な見方の素地指導■

合成分解の指導を通して，関数的な見方の素地を育てることもできる。10の合成分解の一覧を右のように順序よく並べて示す。いずれも和が10になる組である。この表を見て気づくことを出させると，次のような見方が子どもから出てくる。

・左側の数が1ずつ減ると，右側の数は1ずつ増える。
・片方の上と下を反対にすると，同じ数が並んでいる。
・左側の数が2減ると右側の数は2増える。
・並び方がきれい。

このような見方は，和一定の関係の言語的表現である。この段階では，式表現をすることはできないが，これらのような様々なきまりに気づかせることが大切である。

9と1
8と2
7と3
6と4
5と5
4と6
3と7
2と8
1と9

§2 十進位取り記数法

■記数法■

　数そのものは人間が発明した抽象的な概念であり，数の実物は存在しないため数の学習は難しい。3個のコップの集合，3本のストローの集合ならば，それぞれ実物が存在し，この2つの集合の要素は一対一対応している。これらと一対一対応する要素をもつすべての集合に共通する性質が3と表記される数の概念である。抽象的な概念である数を可視化するために考え出されたのが，記数法，つまり数の表現方法である。数表現に用いられる記号が数字である。数字で表現された数は数そのものでなく数につけられた名前である。

■十進法の原理■

　例えば，1の数概念を表現した記号を｜，10の数記号を○，のように，1から順にずっとそれぞれ無関係な数字を使う方法では，数記号を覚えきれない。そこで同じ数記号を繰り返し使って書くという工夫が考え出された。

　漢数字による記数法では，一から十までは異なる数字が用いられるが，その次の数は，それまでに用いられた数字を組み合わせて十一と書く。その後もこれと同じ方法が採られ，初めて新しい数字が出てくるのは百であり，千，万と続く。十を十集めたのが百，百を十集めたのが千，というように，十集まるたびに新しい数字が導入される。そして，十，百などがいくつ分あるかを示す方法を採用することで，それまで出てきた数字を繰り返し使うという記数法を可能にした。例えば，漢数字による八万五百八十七という数は，

$$一万 \times 八 + 百 \times 五 + 十 \times 八 + 一 \times 七$$
$$= 10^4 \times 8 + 10^2 \times 5 + 10^1 \times 8 + 10^0 \times 7$$

のように，10の累乗を単位として，それがいくつ分あるかを示している記数法である。これが十進法の原理である。

■位取りの原理と0の発明■

　古代エジプトや古代バビロニアなどでは，数字の記号の中に位を内包して

数を表現していた。しかし前頁と同じ数を現代の記数法では，80587と表す。ここでは数字の記号に単位は包含されていない。この単位と数記号の分離を実現したのが古代インドの０の発明である。５は右から３番目に書かれている。この数字の書かれている位置によって，その単位が百であることが分かる。これが位置で位を表す位取りの原理である。また，千の単位を必要としない場合，千の位が空位であることを０を書くことによって表す。この位取りの原理と０の発明によって，０〜９の10種の数字とその表記の位置によってすべての整数を表現することが可能になった。この記数法を十進位取り記数法といい，４年でそのよさについてまとめることになる。

■位取り記数法のよさ■

位取り記数法のよさには，次のようなことがあげられる。

① 有限個の数字（十進法の場合は10個）で，どんな大きさの整数も表すことができる。
② 整数の大小の比較が容易である。
③ 筆算が容易である。

■命数法■

どんな数であるかを口で伝え，耳で聞こえるようにするための，数の唱え方を命数法という。十進位取り記数法で書かれた整数の日本語による命数法は，それを漢数字による表記に置き換えたものをそのまま唱えるという方法であるため，漢数字による記数法と同じ原理である。下の表のように，一から万までは，十倍ごとに新しい唱え方になっているが，万からは，万の一万倍で新しい唱え方の億，億の一万倍で新しい唱え方の兆，のようになっていくため，十進法と万進法を併用した命数法であり，英語などによる命数法と異なり，例外なくこの原理に従っており，大変優れた命数法である。なお，西洋の３桁区切りのコンマは，十進法と千進法を併用した命数法である。

千	百	十	一	千	百	十	一	千	百	十	一	千	百	十	一
		兆				億				万					

§3 加法

■**加法の意味**■

　加法で解決される場面は様々なものがあるが，加法の導入場面では，合併と増加が一般的である。合併と増加を具体的な問題場面で説明する。

① 赤い花が2本，黄色い花が3本咲いています。花はあわせて何本になりますか。（合併）
② 花びんに花が2本あります。そこに新しく3本入れます。花はぜんぶで何本になりましたか。（増加）

　いずれの問題も式で表せば，2＋3＝5として求めることができる。しかし，問題の状況は異なっている。

　①の場面は，赤い花と黄色い花の集合が同時に存在している。それらを「あわせて」花という1つの集合にしている。この同時刻に存在する集合の加法を合併と呼んでいる。②の場面は，はじめは花びんにある花の集合が存在する。その後に時間的なズレを伴ってもう1つの集合が加わる。この場面を増加と呼んでいる。

　これらの問題場面は，操作によっても違いが生じる。問題場面の理解のためには，ブロックやおはじきなどの半具体物を用いた操作活動が重要である。

　合併の操作は次のようになる。AとBが同時にあり，その両方が一緒に集められることになる。矢印がAとBの両方から出ている。一方，増加の操作は，先にあるAに，時刻的に後からBが加わることになる。矢印が1つだけで，移動の操作は一方だけである。

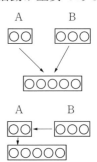

　この2つの場面は具体的な事象では操作に違いがあるが，計算では同じ操作・答えになることを理解させる。

■**加法の場面**■

　加法の場面には合併，増加の他に，加法だとすぐには分かりにくい次のよ

うな場面がある。その中で，文章が減法表現になっているのにもかかわらず加法で解決する逆思考の問題（減法逆加法）は，子どもが間違いやすい。そのため，ブロック等の操作活動やテープ図等の図表現を用いて，問題状況の構造を直観的につかませ，ていねいに指導することが大切である。

〈求大〉
・赤い花が3本あります。黄色い花は，赤い花より2本多く咲いています。黄色い花は何本ですか。

〈減法逆加法〉
・みかんが何個かあります。3個食べたので，残りは2個です。みかんは，はじめに何個ありましたか。

■加数分解・被加数分解・両数分解■

　繰り上がりのある加法では，「10のまとまりをつくる」ことが指導のポイントである。10のつくり方には3通りの方法がある。

　8＋7の計算で，加数の7を2と5に分けて，8＋7＝8＋（2＋5）＝（8＋2）＋5＝10＋5＝15とする方法を加数分解という。また，被加数の8を5と3に分けて，8＋7＝（5＋3）＋7＝5＋（3＋7）＝5＋10＝15とする方法を，被加数分解という。そして，加数と被加数の両者を分解し，8＋7＝（3＋5）＋（5＋2）＝3＋（5＋5）＋2＝3＋10＋2＝13＋2＝15とする方法を両数分解という。

　一般に，8＋3のように被加数が加数より大きい場合は加数分解の方が分かりやすく，4＋9のように加数が被加数より大きい場合は被加数分解の方が分かりやすく，6＋8のように加数も被加数も5以上の場合は両数分解の方が分かりやすい。しかし，どの計算方法が分かりやすいかは，子どもの実態によって異なるため，子どもが自分に適した計算方法を自己選択できるように10の合成分解に習熟しておくことが必要である。また，指を使って計算している子どもには，指での計数という行動を脳内のイメージに移行できるように，繰り返しブロックでの操作活動や図表現を行うことが重要である。

§4 減法

■減法の意味■

　減法の場面は，求残や求差の場面から導入されることが一般的である。求残，求差の場面を具体的な問題場面で説明する。
① 　花が5本咲いています。3本枯れてしまいました。残りは何本咲いていますか。（求残）
② 　赤い花が5本あります。黄色い花は3本あります。赤い花は黄色い花よりも何本多いでしょうか。（求差）
　2つの問題は，その問題場面や半具体物での操作は異なるにもかかわらず，5－3＝2という式で表すことができる。算数の式表現のよさである。
　①の場面は，Aの集合から，その部分集合Bの補集合A－Bを求める場面である。取り去るという操作を伴うので求残と呼ぶ。
　②の場面は，2つの集合AとBの要素の数の差を求める場面である。違いを見つけるので求差と呼ぶ。
　操作を行うことによって，この2つの場面の違いはより一層明らかになる。
　求残は，AからBを取り去るという操作が行われることになる。5－3の場合，5個から3個を取り去ることで残った個数が答えになる。
　求差は，AとBとで一対一対応をつけるという操作が行われる。5－3の場合，5個と3個とを一対一の対応づけをして残った個数が求めるものである。

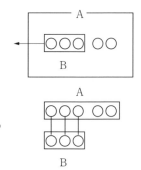

　求差の場合，2量を対応させることや「どちらがどれだけ多い（少ない）」という数量の大小関係を問うことから子どもにとっては難しいと言われている。また求残の式表示では，「3－5＝2」と書いてしまう子がいるので，半具体物を用いて，被減数と減数の違いを捉えさせる丁寧な指導が必要である。

■減法の場面■

求残，求差の他に減法の場面には次のものがある。加法に比べて，減法の場面は立式することが難しいので，数量の関係を半具体物に置き換えて，場面の構造に「取り去る」という共通の操作を見いだすことが大切である。

〈求補〉
・子どもが5人います。そのうち男の子は3人です。女の子は何人ですか。

〈求小〉
・赤い花が5本あります。黄色い花は，赤い花より3本少ないです。黄色い花は何本ありますか。

〈加法逆減法〉
・みかんが3個あります。何個かもらったので5個になりました。何個もらったでしょうか。

■減加法・減々法■

繰り下がりのある減法の計算の仕方は，減加法と減々法の2通りのやり方がある。12－7の計算で説明する。

減加法は，被減数の12を10と2に分けて，10から減数の7を引いて，求めた3に残りの2を加える方法である。引いて加えるので減加法という。式では，$12-7=(2+10)-7=2+(10-7)=2+3=5$ となる。

減々法は，減数の7を2と5に分けて，12から2を引いて，求めた10からさらに5を引く方法である。引いて，さらに引くので減々法という。式では，$12-7=12-(2+5)=(12-2)-5=10-5=5$ となる。

減々法は，被減数によって減数の分け方が異なる。同じ減数が7でも被減数が13の場合は，減数の7を3と4に分けることになる。しかし，減加法では，つねに減数の10の補数を求める減法と一位数どうしの加法の計算となる。そのため減法でつまずきのある子どもには，筆算での指導も含めて考えると，減加法を指導する方が効果的であろう。事前に習熟しておきたいのは，2と8で10，10は3と7のように，10のまとまりづくりである。1年最初の10のまとまりづくりは，非常に重要な学習内容となっている。

§5 暗算・筆算

■暗算■

筆算や珠算に対して，頭の中で計算することを暗算という。暗算は，日常生活の中で用いられることが多く，実用的な価値がある。

計算指導では，筆算が中心に行われているが，筆算の中にも暗算が潜んでいる。例えば，58×3の筆算のとき，3×8＝24の十の位の数2と，3×5＝15の一の位の数5を加えて7とし，答えを174と暗算で求めている。この他，加法・減法の筆算でも繰り上がりや繰り下がりは暗算で行うことが多い。

暗算には大きく分けて，問題を目で見て行う視暗算と，耳で聞いて行う聴暗算がある。珠算でいう「見とり算」と「読みあげ算」に相当する。聴暗算は，上の位から順に処理していく方法であり，数の大きさを大まかに把握することにつながる。例えば，57＋39の計算を聴暗算で行う場合，57＋39＝57＋30＋9＝87＋9＝96のように，筆算とは違う手順で計算を行っている。

■加法・減法の筆算■

筆算には，どんな大きな桁数の計算でも正しく各位の計算をすれば，機械的に処理できるというよさがある。そのため，各位の基本となる計算に習熟することが大切であり，その意味では，暗算が基盤にあると考えてよい。加法・減法の場合，1位数どうしの計算が筆算の基本となる。

また筆算は位取り記数法に基づいた計算であるため，数の理解を多面的に深めることができる。例えば，234＋152の計算の十の位の計算では，3＋5という1位数どうしの計算を行う。これは実際には，30＋50のことである。加法・減法の筆算には，「10を1とみる」のように数を相対的にみることで，基本となる一位数どうしの計算に帰着させるよさがある。

■筆算の指導■

加法，減法の筆算指導で子どもがつまずくところは，繰り上がりや繰り下がりのある計算の仕方である。257＋366で指導方法を解説する。

II 「数と計算」の内容　27

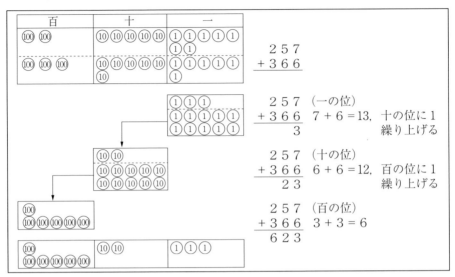

　筆算指導では，問題の型分けなどを行って計算手続きの習熟に時間をかけることが多いが，ブロックや数図等の半具体物を用いながら，繰り上がり，繰り下がりの意味や考え方，手続きをていねいに説明し関連付けることが大切である。また，繰り上がりを忘れてしまうなどのつまずきが多く見られる場合は，右のように繰り上がりの数を筆算の中に明示しておくことも有効である。

```
  2 5 7
+ 3 6 6
─────
    1 3
  1 1 0
+ 5 0 0
─────
  6 2 3
```

　加法，減法，乗法の筆算では，一の位から計算するという約束がある。これは繰り上がり，繰り下がりによって，計算し直したり答えを表記し直したりする手間を省くための約束である。指導初期からこの約束を徹底するというよりも，子どもたちと共に，少しずつ筆算の方法をつくり上げていくという考えが大切である。このように，自らの目的を達成するために記号の組み合わせやその手続きを改善していく論理的思考は，プログラミング的思考と呼ばれ，平成29年告示の小学校学習指導要領からその育成が重視されている。筆算のアルゴリズムを学級全体で少しずつ洗練し，つくり上げていくという活動は，まさにプログラミング的思考の育成そのものであると言える。

§6 乗法

■乗法の意味■

乗法の意味には「同数累加」と「割合」がある。「同数累加」は3＋3＋3＋3の簡易的な表現を3×4とするというような、乗法を加法の簡便法であるとする立場であり2年で導入する。この立場は乗数が小数や分数になると意味をなさない。3×2.4は「3を2.4回たす」とは言えないからである。

「割合」は倍概念である。乗法は、基準量を単位にしてその何倍の大きさかを表しているとする立場であり、第5学年で導入する。3×4は、「3を基準量とする（1とする）と、その4倍の大きさ」を表していることになる。「割合」の意味は、乗数が小数や分数になっても用いることができる。3×2.4は「3を1としたとき、2.4倍にあたる大きさ」を表している。

乗法の意味は、2年から4年までは「同数累加」であり、5年以降は、「割合」へと拡張することになる。5年の乗数が小数になる学習では、統合を目指した発展を行いながら、算数そのものをつくり上げていくという経験を子どもたちにぜひさせたいものである。

■乗法のモデル■

乗法を表すモデルとして、アレイ図と数直線がある。アレイ図は乗法を積の形で表し、数直線は長さの比例関係で表している。

3×4のアレイ図は右のようになる。たてに3個、横に4列並んで、全部で12個あることが一目で分かる。このモデルは、乗法九九を構成するときに有効である。それは、乗数が1増える様子や被乗数を合成したり分配したりして新しい九九をつくることが分かりやすいからである。一方アレイ図の場合、乗数が小数や分数になるとモデルとして表現できなくなる。

数直線は、数量の比例関係を長さで表したものである。乗数が2倍になると積も2倍になることが分かる。また基準量も明確である。

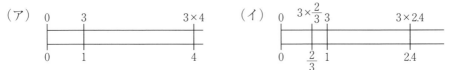

　3×4の数直線を（ア）に示す。乗数が4倍になったので，被乗数も4倍になり3×4という式になる。この数直線は，乗数が小数でも分数でも用いることができる。（イ）の数直線を見ると，$3×\frac{2}{3}$や3×2.4の意味が分かる。また，$3×\frac{2}{3}$の積が3よりも小さくなるということも一目で分かる。

■**乗法九九の構成**■

　乗法九九の構成には様々な方法がある。特に6～9の段の構成の単元は，前単元での2～5の九九の構成を基に，子どもたち自身が九九を構成していく単元である。子どもたちが様々な方法を用いて，自ら算数をつくり上げていく活動を行いたいものである。

① **同数累加**

　6×2＝6＋6というように同じ数を加えていく構成方法である。6×5の場合，6＋6＋6＋6＋6と加える数が多くなり，計算が大変になる。

② **乗数と積の関係**

　6の段は積が6ずつ増えることから，6×2＝12を基に，6×3＝6×2＋6＝18を構成する。前の九九の積に乗数を加えて構成する方法である。

③ **交換法則を用いる**

　6×2＝2×6，6×3＝3×6のように，既習の九九と交換法則を用いて構成する方法である。交換法則の正当性は，アレイ図を用いて説明する姿を目指したい。なお6×6以降は，乗数と積の関係を用いて構成することになる。

④ **分配法則を用いる**

　6の段を既習の4の段と2の段を加えて構成するというような方法である。6×4＝（4＋2）×4＝4×4＋2×4＝16＋8＝24となる。既習の九九を基に構成できる。この分けて計算する考えは，2位数以上の乗法でも用いる考えであり，重要である。ぜひ経験させたいものである。

§7 除法

■除法の意味■

① 12個のイチゴを4人で同じ数ずつ分けると1人分は何個か。
② 12個のイチゴを4個ずつ分けると何人に分けられるか。

　この2つの問題は除法で式をつくると12÷4になる。その答えを求めるとき乗法を用いるが，①は□×4＝12で，②は4×□＝12で求めることになる。

　①は4等分して1人分を求める計算であり，等分除の問題である。「全体」と「いくつ分」が分かっていて，「基準量」を求めている。

　②は4個ずつ分けていくつ分かを求める計算であり，包含除の問題である。「全体」と「基準量」が分かっていて，「いくつ分」を求めている。

　これらの等分除と包含除は，対応する具体的な操作も下記のように異なる。

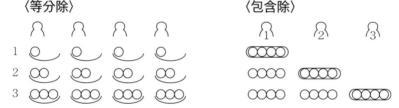

　等分除は，12個のものを4人に1個ずつ配り，なくなるまで繰り返す。そこから1人分が3個になることが分かる。包含除は，12個のものを1人に4個ずつ配り，なくなるまで繰り返す。3人に配れることが分かる。

　このように「分ける」という操作には，等分除と包含除の2通りがあることを気づかせる。中学校以降は，除法は乗法の逆演算として定義される。

　実際の除法の指導では，等分除と包含除のどちらから指導を行うほうがよいかという議論がある。等分除は，子どもたちの生活経験の「等分」につながっており，分けるという概念そのものが分かりやすいという利点がある。一方，包含除は，まとまりごとに全体から分けていくので，分ける操作がしやすく，乗法九九につなげやすいという利点がある。

■除法のモデル■

除法のモデルは，乗法で用いた数直線が分かりやすい。数量の関係を数直線に表すことで，等分除や包含除の違いも明らかになる。

前述の問題①，②をそれぞれ数直線に表すと次のようになる。

等分除は，「基準量」（1あたりの大きさ）を求めるということが分かる。比の第三用法である。また包含除は，「いくつ分」を求めるということが分かる。比の第一用法である。また包含除は，「倍」を求める計算であることも数直線から分かる。数直線のモデルは，除数が整数だけでなく，小数や分数になっても用いることができることや乗法・除法の関係が分かりやすいという利点がある。

さらに文章問題においては，数直線を立式の根拠にしたり，計算方法の正当化の根拠にしたりすることもできる。学年段階を超えた丁寧な系統的な指導が必要である。

■あまりのある除法■

除法は本来，$a \div b = \dfrac{a}{b}$のようにあまりのない処理をするものである。しかし，そのような指導は5年からである。4年までは「23÷3＝7あまり2」というように商とあまりを求めることになる。これは，23＝3×7＋2という整数の性質に基づく処理方法である。筆算では，あまりを出すことによって割り進むことができる。

子どもたちはよく，「23÷3＝6あまり5」のようなつまずきを見せる。この原因は「除数＞あまり」を意識しないためである。この問題の解決のためには，除法は最大の「基準量」や最大の「いくつ分」を求める計算であることを操作活動によって気づかせ，計算と対応づけることが重要である。

（松島　充）

§8 乗法の筆算

■筆算の導入■

　乗法の筆算の指導では，筆算の方法が十進位取り記数法と乗法九九をもとにしていることに気づかせたい。したがって，筆算の手続きを形式的に教えるのではなく，たとえ桁数が大きくなっても乗法九九をもとに同じ手順で計算できるという，筆算の原理の理解とそのよさに重点をおく。

　筆算の導入は，2位数×1位数の計算である。例えば，16×4という計算では，子どもは次のような方法を考える。

　① 　16＋16＋16＋16
　② 　8×4＋8×4
　③ 　9×4＋7×4
　④ 　10×4＋6×4

　①は，乗法の意味である同数累加を用いているものである。②～④は，それぞれ被乗数を2数の和にして，分配法則を用いて求めているものである。これらの方法の中で，どの方法が簡単で間違いが少ないかを検討する。そのときに，④のように，十進位取り記数法の原理から16を10と6に分けると分かりやすく，簡単にできることに気づかせていきたい。

　④の方法を用いて筆算形式を導く際に，最初は右のように6×4，10×4の数値を残しておく。それに慣れてきたら，繰り上がりの数を覚えておき，加法の暗算で答えを求められるようにする。

　筆算のよさは，16×4の場合のように十の位に繰り上がるとき，それを書いておくことで，間違えずに処理することができることである。また，どんな数値でも同じ形式で計算手続きができることである。

```
   1 6       →        1 6
 ×   4              ×   4
 ─────              ─────
   2 4 ……6×4 ┐ →   6 4
   4 0 ……10×4┘
 ─────
   6 4
```

■2位数どうしの乗法の筆算■

　乗法の筆算がより有効に働くのは，乗数が2位数になったときである。13×24のような計算を暗算で行うことは難しい。しかし，筆算を用いると，乗法九九の計算が確実にできれば答えを導くことができる。

　乗数が1位数の場合は被乗数を位ごとに分けたが，乗数が2位数の場合は乗数を位ごとに分けて計算する。例えば，13×24では，24を20と4に分け，13×20と13×4の部分積を求め，それらを加えることで全体の積を求めることができる。筆算の初期の段階では，左側のように一つ一つの部分積を出して求めてもよい。

```
　　１３　　　　　→　　　　　１３
　×２４　　　　　　　　　　×２４
　　１２　……３×４　┐　　　　５２
　　４０　……１０×４ ┘→
　　６０　……３×２０ ┐　　２６０
　２００　……１０×２０┘→
　３１２　　　　　　　　　　３１２
```

慣れてきたところで右側のようにまとめて書く方法へと移行すればよい。

■2位数どうしの乗法の筆算における誤答■

　乗数が2位数の場合は，誤答が生まれやすい。授業で誤答が出てきた場合，その背景を探ることが大事である。ここでは，2つの例とその対策を述べる。

① 部分積を書く位置の誤り

```
　　２３
　×３５
　１１５
　　６９
　１８４
```

九九の計算や部分積の加法には誤りがないが，部分積の書く位置が誤っている。部分積に0をつけて位の位置を確かめる。

② 計算順序の誤り

```
　　２３
　×３５
　６１５
```

計算の順序で3×5＝15を行い，次に2×3＝6として，それぞれを書いている。この場合は，それぞれの部分積をていねいに書く筆算の方法に戻ってみる必要がある。

　この他にも計算結果を見積ったり，検算したりする習慣も大切にしたい。

§9 除法の筆算

■筆算の導入■

除法の筆算の導入では,除法の意味と筆算の形式との関わりを操作を通して理解させることである。「たてる→かける→ひく→おろす」という手続きを形式的に教え込むのではなく,その意味が分かるようにする必要がある。また,筆算の形式を子どもの発想からつくっていくことも大切である。

筆算の導入では,52÷4の計算を子どもが次のように行うことがある。

(ア)は,既習の乗法九九を使って解決しているものである。ここでは,包含除の考えから,52の中に4がいくつ入っているかを考えている。乗法九九の中で乗数のいちばん大きい9をたて,52-36=16と,次に16÷4=4を行っている。そして,商の9と4を加えて13としている。商を積み上げて,52÷4の答えを求めている方法である。

```
   (ア)              (イ)
       4                  3
       9 )13            1 0 )13
   4 ) 5 2          4 ) 5 2
       3 6              4 0
       1 6              1 2
       1 6              1 2
         0                0
```

(イ)は,(ア)の方法をさらに改善している。見積りの仕方をより正確にしていると同時に,計算の手続きも簡単になっている。一般には,この(イ)の方法で商を十の位と一の位に分けながら筆算の仕方をまとめていく。

すなわち,①商の十の位に1をたてる。②4に1をかける。③5から4をひく。④被除数の一の位の2をおろす。⑤商の一の位に3をたてる。⑥4に3をかける。⑦12から12をひく。このように,「たてる→かける→ひく→おろす」という手続きの意味を数の見積りなどと関連させながら導くことが子どもの理解を確かなものにする。

■仮商のたて方■

　除数が1位数の場合は，筆算でつまずく子どもは比較的少ない。筆算で表すことで途中の計算の過程が分かり，安心して計算することができるからであろう。しかし，除数が2位数の場合では，商をたてることが難しく，つまずきがみられる。つまり，仮商修正を行うことがつまずきの要因となる。

　仮商とは，除法を行うときはじめに見当をつける商のことである。それが大きすぎたり，小さすぎたりしたときは，この仮商をたてなおすことになる。それを仮商修正という。

　仮商をたてるにはいくつかの方法がある。56÷18でみてみたい。

① 　被除数，除数を切り捨てる（十の位の商を50÷10として見積もる）
② 　除数のみを四捨五入する（十の位の商を56÷20として見積もる）
③ 　被除数，除数を四捨五入する（十の位の商を60÷20として見積もる）

　これらの方法では，①は仮商を1つずつ小さくするという単純さはあるが，計算によっては修正が大きくなる可能性がある。②③の方法は，四捨五入することで，仮商を大きくしたり，小さくしたりするという手続きになるが，修正の幅は小さくなり，正確に求めることができる。いずれの方法も，計算の中の数字や子どもの実態に即して指導すべきである。

■除法の筆算における誤答■

　除法の筆算は，子どもがつまずきやすい内容である。筆算では，次のような誤答が出てくるので，その背景を探り適切な指導をしたい。

(ア) 商をたてる位置が違う。

　商をたてることができても，書く位置が分からず，被除数の位にあわせて書いたり，勝手な位にたてたりする。

(イ) あまりの出し方が違う。

　あまりを出し忘れたり，あまりが除数よりも大きいまま計算を終えている。

(ウ) 仮商修正をせずにそのまま計算を続けてしまう。

　特に仮商が小さい場合，そのまま計算を続けてしまう。

§10 数直線

■数直線■

　直線上に基準となる点を決めてそれに0を対応させ，決めた長さを単位にして目盛りを付け，点に実数を対応させたとき，この直線を数直線という。点に対応する数のことをその点の座標ともいう。0が対応する点のことを原点，1が対応する点のことを単位点という。数直線は水平方向にかき，原点の右側の点に正の数を，左側の点に負の数を対応させるのが一般的である。数直線上のどの点にもただ1つの実数が対応し，その逆も成り立つ。数を点，または点から点までの距離で図的に表現しているモデルである。

　数直線は数の大小や系列，十進位取り記数法の仕組みなどを直観的に理解するのに有効であり，数の図的表現の中でもとくに利用性の高いものである。数直線という用語は3年で学習することになっているが，1年から「かずのせん」などの言い方で導入され，数範囲が拡張されるたびに，その図的表現として取り入れるようにしたい。

■数直線のかき方とよみ方■

　学習指導要領には学年ごとの数直線の指導内容が明記されていないので，数の学習範囲の拡張に伴い，必要に応じて1目盛りの大きさを1，10，50，0.1，$\frac{1}{3}$などとした数直線のかき方やよみ方を指導するようにしたい。いずれも，数直線上の等しい距離を表す数の大きさは等しいこと，数直線上の点は右へいくほど大きい数を表すことなどを根拠に，数の理解を深めたり，いろいろな結論を導いたりすることができるようにする。

　数直線は，下記のように，直線上に任意の2数の点の位置を決めることによって定まる。

① 　原点と単位点の位置を決める。
　　整数は1ずつ，小数や分数では0.1や$\frac{1}{3}$ずつなどの等間隔目盛りになる。

② 原点と,単位点以外の点(10, 50, 100など)の位置を決める。
10ずつの等間隔目盛りになる。

③ 原点以外の2点(540と541, 4万と5万など)の位置を決める。
数直線上に原点が示されない。

④ 上記の数直線を2本以上組み合わせる。

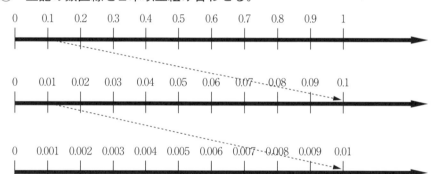

上の数直線の組によって,0.1は1の$\frac{1}{10}$で,0.01は0.1の$\frac{1}{10}$であるから,0.01は1の$\frac{1}{100}$になる,など,小数は,整数と同じ十進位取り記数法になっていることの理解を深めることができる。

■計算の指導と数直線■

算数の学習では「数学的に伝え合うこと」も重視されている。数直線は,文章題などの演算決定や計算結果を見通す際にも有効な道具となる。特に,乗法や除法の計算の意味や計算の仕方を考えたり,さらにはそれを他者に説明したりする際に,数直線(2本の数直線を組み合わせたもの)などを活用できるようにしていきたい。(§6・7・18・21参照)

§11 式の表現と読み

式は，日常の事象の中にみられる数量やその操作あるいは関係などを表す数学的な表現として，算数・数学の学習や指導において重要な意味をもっている。式には，$3+4$，$\square \times 4$，$x-2$のような等号を含まない式と，$3+4=7$，$\square \times 5 = 20$，$a \times b = b \times a$のような等号を含む式がある。また，(単価)×(個数)＝(代金)のような「ことばの式」もある。この他に，（　）などを用いたり，複数の事柄を1つの式（統合式）で表したりすることもある。

■式で表すことの意味■

式で表すことには，次のような働きと意味がある。

① 事柄や関係を簡潔，明瞭，的確に，また，一般的に表すことができる。
　数量などの関係を明確に表現したり，的確につかんだり，関係をより一般的，統合的に捉えることができるようになる。

② 式で表すことができれば，具体的な意味を離れて形式的に処理をすることができる。

③ 式から具体的な事柄や関係を読み取ったり，より正確に考察したりすることができる。

④ 自分の思考過程を表現することができ，それに互いに的確に伝え合うことができる。

思考の結果や過程を簡潔，明確に表現したり，自分の考えを見直したり，その考えを他人に伝えたりできる。このような式のはたらきに着目することで，式のよさに気づくことができる。

■式を読むことの指導■

式の読み方には，次のような場合がある。

① 式からそれに対応する具体的な場面を読む。
　「$7-3=4$」という式から，どんな問題がこの式になるかを考える。

②　式の表す事柄や関係を一般化して読む。
　みかん1個が60円のときに，60×3＝180，60×5＝300などの式から，「60」や「3」や「5」が何を表すのかを考えて，（1個の値段）×（個数）＝（代金）ということばの式を導くことができる。
③　式に当てはまる数の範囲を拡張して発展的に読む。
　3×5＝15，4×6＝24などから，（長方形の面積）＝（縦）×（横）へと導いたときに，縦と横の長さを，整数から小数や分数へと拡張した場合でも同じように成り立つというように考えていくことができる。
④　式から問題解決などにおける思考過程を読む。
　例えば，「250円のノートと150円のシャープペンシルを買って500円を払ったときにお釣りがいくらか」という問題に対し，Aは500－250－150＝100と考え，Bは500－(250＋150)＝100と考えたときに，AとBがどのように問題を解いたのかを式から推測することができる。
⑤　式を数直線などのモデルと対応して読む。
　例えば，2＋3＝5，3＋2＝5，3＝5－2，2＝5－3などの式を，右図のようなテープ図のモデルと対応させて統合的に捉えることができる。

■□や△を用いた式■
　数量の代わりに□や△を用いて，その数量の関係を式に表したり，それらに当てはまる数を調べたりすることができる。例えば，除法の学習の際に，12÷4の答えを4×□＝12の□に当てはまる数として捉える。この□は未知の数量を表す記号として用いている。□×3＝△などの□や△はともに変量を表す記号として用いている。この場合，一方の大きさが決まれば，それに伴いもう一方の大きさが決まることになる。このように，□や△を用いることで数量の関係や計算に関して成り立つ法則などを簡潔，明瞭，的確に，そして一般的に表現することができる。

§12 概数と見積り

平成29年告示の小学校学習指導要領では，4年で概数に関わる数学的活動を通して，「日常の事象における場面に着目し，目的に合った数の処理の仕方を考えるとともに，それを日常生活に生かすこと」が記されている。これは他の学年でも活用すべき，大切な見方・考え方でもある。

■概数が用いられる場合■

次のような場合には，概数が必要となる，あるいは概数の方が適切であると判断できるようにする。すなわち，大きさが捉えやすい，計算がしやすい，見通しをもてるなど概数のよさを味わえるようにする。また，ある場面で与えられた値が，詳しい値なのか概数なのかを判断できるようにし，それをもとにした適切な考察処理ができることも大切である。

① 詳しい値が分かっていても，概数の方が適切な場合

定価39000円の品を30000円で購入して，何％引きかを知りたくて電卓等で計算して23.07692という結果が得られても，一の位か小数第一位までの概数で十分である。あるいは，サッカーなどの試合では公式入場者数が公表されるが，目的により「およそ何人」で十分な場合，概数を用いる。

② 詳しい値を求めることはできても，表現することが難しい場合

あるデータを方眼紙上でグラフに表すとき，方眼紙1mmの単位が1万を表すとすれば，千の位以下は記すことはできないので，おのずと概数を用いる。

③ 詳しい値を求められない場合

長さなど量の測定値は，測定に用いる計器が測ることのできる範囲の値までしか求められないので概数となる。あるいは，ある時点での世界の人口を表すときも，真の値を求めることは難しく，概数を用いる。

■四捨五入■

概数を機械的に求める方法として，4年で四捨五入を学習する。その仕方

でよいわけを理解し，機械的に処理できるようにすることが大切である。

たとえば，27万と28万の間の数が，27万と28万のどちらに近いかは，数直線を使えば判断できるが，使わないでも済むより効率的な方法を考えさせ，千の位の数字に着目すればよいことを導くとよい。千の位の数字が5のとき，27万5千ちょうどは27万と28万の近さが同じであるが，それ以外の27万5千いくらという数は28万に近いので，28万にした方が形式処理上便利であることを押さえる。

以上の考察を経て，四捨五入という用語を導入する。27万と28万の間の数で，千の位の数字が，0，1，2，3，4のときは27万とし，5，6，7，8，9のときは28万とすることを，四捨五入して一万の位までの概数にするという。

■概数を計算や日常生活に生かすこと■

4年だけでなく，他の学年でも見積りを活用して，そのよさを味わわせることが必要である。文章題の中の数値が小数や分数のため演算決定がしにくいときに，それを整数という概数に単純化することで，演算決定しやすくなったり，類推して元の問題の演算に対する見通しが立てられたりする。

あるいは，日常生活なども含め，概算して計算結果を見積ることで，答えのおよその大きさに対する見通しが立てられるようになる。例えば，398円の品物を2個買って，千円札1枚で足りるかどうかを知りたいときには，1個400円とした方が計算しやすいし，それで十分である。さらには，元の数値で計算した結果と見積りの結果とを比較することによって，結果や方法を確かめられる。平成24年度小学校学習指導要領実施状況調査結果等からは，「概数について理解し，目的に応じて用いること」には課題が見られる。概数を用いることの意味と必要性を実感させることが大切である。

§13 整数の性質

整数については，1年から導入して順に数範囲を拡張していき，4年で十進位取り記数法の仕組みをまとめる。そこでは個々の整数と，それら相互の関係についての学習が中心となる。それに対し，整数を集合として捉えて学習するのが5年の偶数・奇数，約数・倍数である。

■偶数・奇数■

2で割ったときの余りが0になる整数を偶数，余りが1になる整数を奇数という。これにより，すべての整数は偶数または奇数のどちらかに類別される。このような見方は，3以上で割ったときの余りによる整数の分類（剰余系）へと発展する。カレンダーの曜日ごとの日にちなどは7の剰余系である。

偶数，奇数に関する性質を見いだす数学的活動なども考えられる。例えば，偶数＋偶数＝偶数という性質をいくつかの具体的な式から予想する。偶数，奇数を図などを用いて表現し，それを根拠にして，成り立つわけを演繹的に分かりやすく説明する活動などもできる。

■約数■

1，2，3，4，6，12のように，12を割り切ることができる整数を，12の約数という。1ともとの整数も約数である。この定義から，ある数の約数の個数は有限であることが分かる。2が12の約数であることは，式で12÷2＝6，または12＝2×6と表現できる。

約数を見つける方法は，1から順に割っていき，割り切る数を求めるのが基本である。しかし，これを何回か経験するうちに，割り切れたときの商も約数であることが帰納的に見いだせる。このような式による見方・考え方ができれば，割って調べる回数を少なくできるとともに，除数より商の方が小さくなれば，それより大きい除数で割る必要はないことにも気づく。例えば，12であれば，12÷2＝6から2が約数であると同時に商の6も約数である。また，12÷4＝3から5以上の数では割る必要はないことにもなる。つまり，

12の約数は$1×12=12$, $2×6=12$, $3×4=12$だから1，2，3，4，6，12となる。

■公約数・最大公約数■
　8の約数にも，12の約数にもなっている数を8と12の公約数という。公約数のうち，一番大きい数を最大公約数という。

　6と18の公約数のように，小さい数の約数がすべて公約数になる場合や，4と9の公約数のように，公約数が1だけの場合も忘れずに取り上げたい。

　公約数を見つけるには，2数の約数をすべて別々に求めて，これらの中から共通する約数を取り出すというのが定義に基づく方法である。この方法を何回か繰り返す中で，公約数の見つけ方を工夫させてもよい。例えば，次のような工夫がある。①2数のうち小さい方の約数を調べる。②その約数の中でもう一方の数の約数になるいちばん大きな数が最大公約数となる。③その最大公約数の約数が2数のすべての公約数になる。

■倍数■
　3，6，9，…のように，3に整数をかけてできる数を，3の倍数という。このとき，0は倍数に入れないことにする。この定義から，ある数の倍数の個数は無限であることが分かる。式では$3×1$，$3×2$，…と表現できる。

■公倍数・最小公倍数■
　3の倍数にも，4の倍数にもなっている数を，3と4の公倍数という。公倍数は，12（$=3×4=4×3$），24（$=3×8=4×6$），36（$=3×12=4×9$），…のようにいくらでもある。公倍数のうち，一番小さい数を最小公倍数という。3と6の公倍数のように，大きい数の倍数がすべて公倍数になる場合も忘れずに取り上げたい。公倍数も，公約数のときと同様に，その見つけ方についても帰納的または演繹的に考えさせるとよい。

■身の回りで使われている整数の性質■
・一般に，鉄道や飛行機の上りの番号には偶数，下りには奇数が用いられる。
・オリンピックは夏季，冬季ともに西暦年数が偶数の年に開催され，夏季は西暦が4の倍数になる年，冬季はその間の偶数年である。　など

§14 分数の意味と表し方

a, b が整数であるとき $(b \neq 0)$, $\frac{a}{b}$ の形に表した数を分数という。有理数は, 分数の形に表すことのできる数のことであるから, 2は有理数であるが, 分数ではない。有理数は数を分類しており, 分数は数の表し方を分類している。2年で $\frac{1}{2}$, $\frac{1}{3}$ など簡単な分数を知り, 3年で分数の意味と表し方を本格的に学習する。

■分数の意味■

$\frac{2}{3}$ という分数がどのような場合に用いられ, そのときどのような意味をもつのかは一通りではない。以下のような場合に分数を用いることのよさが分かり, 四則などの問題解決において, 目的に応じた適切な意味づけを選択できるように指導することが大事である。

① **分割分数**：ある大きさを3等分したものの2つ分の大きさを表す場合

ピザを $\frac{2}{3}$ 食べた, など等分したいくつ分の大きさを表す。ただし, 同じ $\frac{2}{3}$ でも,「ある大きさ」に当たるものが異なれば, その表される大きさも変わるので,「ある大きさ」を明確にしておかなければならない。書き方と読み方は教えることである。

② **量分数**：連続量の大きさ（測定値）を表す場合

テープの長さが $\frac{2}{3}$ m, 水が $\frac{2}{3}$ L 入っているなど, 測定の量の大きさを表すことで連続量を表現できる。1mの $\frac{2}{3}$ の大きさは①を基にして分かることでもある。$\frac{2}{3}$ m と表すことは教えることである。ただし, ①と混同して, 2m の $\frac{1}{3}$ を $\frac{1}{3}$ m にしてしまう誤りや, 2m の長さを与えて $\frac{1}{3}$ m の長さを図示させると $\frac{2}{3}$ m ぶん図示してしまう誤りなどが見られる。

③ **単位分数のいくつ分**：単位分数 $\frac{1}{3}$ の2つ分の大きさを表す場合

この意味は, ①を根拠にして演繹的に考えさせることであり, $\frac{2}{3} = \frac{1}{3} + \frac{1}{3}$, $\frac{2}{3} = \frac{1}{3} \times 2$ と表現できることも演繹的に考えさせることである。

④ **割合分数**：AはBの $\frac{2}{3}$（倍）というように, Bを1としたときのAの大

きさの割合を表す場合

⑤ **商分数**：2÷3の商を表す場合

式が2÷3になること，結果が$\frac{2}{3}$になることは考えさせることである。これにより，どんな整数の除法も1つの分数を求める演算として統合できることになる。

①，②は3年で，④，⑤は5年，③は5・6年でそれぞれ学習する。

■**分数の表現**■

1本の数直線に単位分数が同じ分数だけ書くのがふつうである。この図により，$\frac{3}{5}$は$\frac{2}{5}$より大きいこと，$\frac{5}{5}$が1と同じ大きさであること，1より大きい分数などを表現できる。

また，単位分数が$\frac{1}{2}$，$\frac{1}{3}$，$\frac{1}{4}$，…の数直線をそれぞれかいて，上から順に並列して並べると，$\frac{2}{6}$は$\frac{2}{5}$より小さい，$\frac{1}{3}$と$\frac{2}{6}$と$\frac{3}{9}$はみな同じ大きさであることなどを表現できる。

なお，$1\frac{2}{5}$を$\frac{12}{5}$と変形する子どもがいる。これは，整数の繰り下げから類推したことによる誤りである。類推自体は望ましい考え方ではあるが，単位の違いによって類推が成り立たないことを指導するよい機会であると捉えたい。

■**分数の性質**■

分数には次のような性質がある。いろいろな場合に分数を用いたり，数直線に表現したりすることによって，帰納的または演繹的に見いださせたい。

・分母の違う同じ大きさの分数がある。
・分母と分子に同じ数をかけても，同じ数で割っても大きさは変わらない。
・分母が同じときは，分子の大きい方が大きく，分子が同じときは，分母が大きい方が小さい。

（山崎浩二）

§15 小数の意味と表し方

　小数点を用いて表された数を小数という。小数も数ではなく，数の表し方を分類したものであるので，2は小数でないが，2.0は小数である。小数点のすぐ右の位を$\frac{1}{10}$の位，または小数第一位という。

　小数は，算用数字による整数の記数法の原理を1より小さい数に拡張して得られた数の表し方である。すなわち，10倍すると位が1つ上がり，$\frac{1}{10}$にすると位が1つ下がるという十進の原理と，数字の書かれている位置によってその単位を示すという位取りの原理が用いられている。小数が発明されたのは，分数よりはるかに遅い16世紀である。子どもは3年で小数を習う前にたとえば体重計などで小数をすでに目にしている可能性が高いので，実態に応じた指導を工夫したい。

■小数の意味■

　小数0.3の意味も分数と同様一通りではない。分数と同じく，四則などの問題解決において，目的に応じた適切な意味づけを選択できるように指導することが大事である。

① 　1を10等分したもの3つ分の大きさを表す場合

② 　連続量の大きさ（測定値）を表す場合

　ひもが0.3m必要である場面で，1mを10等分したもの3つ分が1mの0.3の大きさであることは，①を基にして分かることである。しかし，0.3mと表すことは教えることである（量分数が既習であれば類推できる）。

③ 　0.1の3倍の大きさを表す場合

　この意味は，①を根拠にして演繹的に考えさせることであり，0.3＝0.1×3と表現できることも演繹的に考えさせることである（4年）。

④ 　割合を表す場合

　3は10の0.3倍というように，10の累乗を1としたときの，ある大きさの割合を表す場合。

⑤　3÷10の商を表す場合

■小数の表現■
① 　数直線

上の数直線により，0.1の3つ分は0.3であること，0.1の10個分は1であることや，小数の大小関係を分かりやすく表現できる。

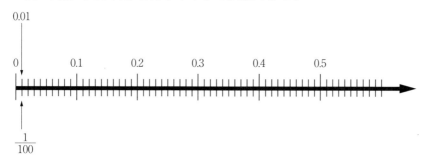

0.01を単位にした数直線によって，0.01，0.1，1の関係，0.46は0.01を46個集めた大きさであること，$0.46=\frac{46}{100}$であること，小数は0より大きいことなどを分かりやすく表現できる。

② 　面積図

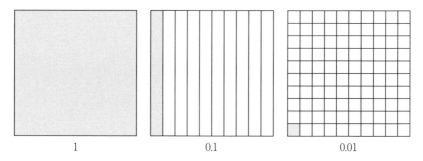

上の面積図によっても，0.1や0.01と，1との関係などを表現できる。

§16 小数・分数指導の系統と関連

　平成29年版学習指導要領解説では,「A数と計算」の内容の概観において,数学的な見方・考え方に着目して,内容を次の4つにまとめている。
① 数の概念について理解し,その表し方や数の性質について考察すること
② 計算の意味と方法について考察すること
③ 式に表したり式に表されている関係を考察したりすること
④ 数とその計算を日常生活に生かすこと
この4つを柱として,小数,分数の指導も展開されている。

■2年での指導■
　2年から$\frac{1}{2}$, $\frac{1}{3}$などの簡単な分数の指導を始める。日常生活における経験を基にした指導である。分割する操作を基にした分数なので,「分割分数」と呼ばれる。ある大きさのものを二等分,三等分したものの大きさを$\frac{1}{2}$, $\frac{1}{3}$と表すこととともに,$\frac{1}{2}$, $\frac{1}{3}$の大きさがそれぞれ2つ,3つ集まるともとの大きさになることを指導する。

■3年,4年での指導■
　3年では小数と分数の学習がある。どちらを先に指導するとよいかについては,小数を先に指導する立場,分数を先に指導する立場の2つがある。小数を先に指導する立場では,整数の十進構造を基にして,1の大きさを十等分した大きさを用いて小さな数の表現としての小数へと進める。その後に,分数を指導する際には改めて等分割や互除法の考えを用いて分数の指導がなされ,$\frac{1}{10}$が0.1と等しいことが扱われる。分数を先に指導する立場では,2年での「小さな大きさを数で表現する」経験を基に等分割の考えで1の大きさを意識させながら分数が指導され,加法や減法ができることが指導される。その後,特に$\frac{1}{10}$という「小さな大きさ」を整数の十進構造に関連づけて小数0.1が指導されることになる。どちらの場合も,既習を基にした指導を進めることが大切であり,学習面での課題が多い分数に対する関心を高め,理

解を深められる指導の工夫や単元配列に留意したい。

　3年の「3内容の取り扱い」では「小数の0.1と分数の$\frac{1}{10}$などを数直線を用いて関連付けて取り扱うものとする」と示され，適宜数直線を用いて指導することが求められている。

　また，4年の〔数学的活動〕「イ　算数の学習場面から算数の問題を見いだして解決し，結果を確かめたり，発展的に考察したりする活動」として，「商の意味を考える活動〜小数を用いた倍〜」が取り上げられている。

■5年での指導■

　5年での小数の乗法の指導は，〔数学的活動〕のイとして，「乗法の意味を広げる活動〜乗数が小数の乗法〜」が取り上げられている。乗数が整数のときの意味を基にして，乗数が小数の場合にも，乗法を用いることができるように意味を広げることを考える。

　「×小数」で述べるとしよう。「×整数」では，整数倍あるいは同数累加の意味で指導がなされる。2年でのかけ算の意味指導と大きくは変わらない。しかし，5年では，この「倍」概念を小数の場合にまで広げる必要がある。そのときに多く利用されているのが数直線や線分図である。とりわけ2本の数直線を並べて対応づけて用いる場合が多い。数直線のもつ連続性に依拠しながら，乗法の意味としての整数倍の見方を小数倍の見方へと広げることになる。そのような見方の基盤になるのが「比例の考え」（比例的推論）である。5年では簡単な場合の「比例の関係」の指導が位置づけられており，この内容の指導を基盤にして，「×小数」の理解を十分に図るように指導したいものである。

　計算については，習熟して正確に答えが出せるようにすることが大切であるが，計算の仕方について考え説明することができるようにすることが重要であることは，4つの柱から明らかである。小数や分数の計算の仕方について，具体物，言葉，数，式，図を用いて考え，説明することができるようにしたい。また，見いだした新しい計算の仕方を使って振り返ることで，これまでに学習した計算の仕方を統合したり，発展させたりする学習をさせたい。

§17 小数の加法・減法

　2.4や0.6などの数を小数と呼んだ。1より小さい大きさを十進位取り記数法の考えを基に数で表現することによって、数の世界を広げたのである。それでは、そのような小数の世界では整数と同じように計算はできるのであろうかと考え、3年と4年で小数の加法と減法について学習する。3年では$\frac{1}{10}$の位まで、4年では小数の範囲を広げる。
　小数の加法・減法の計算の仕方について、次のように考えることができる。
① 　小数の加法・減法の計算を数直線に対応させて考える。
② 　相対的な大きさを用いて、小数の計算を整数の計算になおして処理する。
③ 　小数の計算では、小数点を揃え、各位の単位を揃えて計算する。

■加法や減法の式に表すこと■
　小数の加法の場面は、整数の場合と同じように合併や増加の意味でもって判断をし、式に表すことになる。例えば、「大きいコップには2.1dL、小さいコップには1.3dLのジュースが入っています。合わせて、何dLあるでしょうか。」という問題では、整数の場合と同じ具体的操作や数直線により、加法であることを理解し、式として「2.1＋1.3」と表すことになる。
　また、小数の減法の場面も、整数の場合と同じように求残や求差の意味をもって判断をし、式に表す。例えば、「2.5Lあった牛乳を、料理に1.2L使いました。残りは何Lでしょうか。」という問題は、整数の場合と同じ具体的操作や数直線により、減法であることを理解することができる。

■加法の計算の仕方を考える■
　加法の答えの求め方をただ教わるのではなく、見いだし、その計算の仕方について考え説明する力を培っていくことが大切である。ここでは、整数の計算の仕方については既習であるから、それを基にして小数の場合へと広げていこうとすることが、計算の仕方について考える力として大切であり、そのことを表現する活動が必要である。

その際に次の2つの方法がある。

まず第1に，0.1が何個分になるかで考えることである。このことは，整数ならば計算ができるということを基にしており，2.1や1.3の小数は0.1が何個分あるかと考えることによって，整数の計算に移して考えることができる。そして，その結果を改めて小数の世界へもどして考えることになる。

次に第2に，位をそろえて書くことによって，整数と同じように筆算でできないかと考えることである。ここでは，小数の表現と整数の表現との類似性に着目しつつ考えていくことが大切であり，そのためにも，右のような図を道具として考えていくとよいであろう。

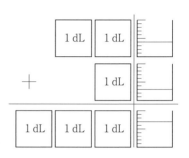

このようにして，計算の仕方を見いだしていくことが大切であり，その上で，計算の習熟を図りたい。その際には，楽しく計算ができる工夫をしたい。

■減法の計算の仕方を考える■

減法の計算の仕方の指導についても，基本的には加法のときと同様である。ただ，このときには，既習内容として小数の加法があるのだから，「たし算と同じように考えてみよう」とする態度が大切である。その上で，加法と同様に，上記の2つの方法が生み出されるような活動を行っていきたい。

なお減法において，さらに計算の仕方を考える際には，「4.2－3.8」や「4－1.8」のような問題も取り上げていきたい。そこでは，例えば，答えの表現の仕方や4を4.0と考えるというような，表現の仕方とともに考える活動が顕著に出てくるからである。

特に「4－1.8」を筆算で考える際には，(A)を(B)のように考えて計算をしていくのである。0.1の位に数がないことから生じる難しさを解消してくれるであろう。

```
─(A)─────      ─(B)─────
       4              4.0
   － 1.8          － 1.8
```

§18 小数の乗法

　2年で整数の乗法について学習している。例えば，1皿に2個ずつのケーキが5皿分あるときに全部のケーキの数を求めるような場合に乗法を考え，「2×5＝10」と書いた。「2個ずつ」「5皿分」に着目し，「基準量×いくつ分」の意味を基にその場面を式で表現しているのである。さらに「5皿分」は「5倍」というように拡張して捉えていくことになる。また，これらは，同数累加の考えを伴っているともいえよう。このような整数の世界での乗法を，いかにして小数の世界での乗法へと拡張していくかである。

■乗法の意味の拡張■

　小数の乗法については，4年で「小数×整数」，5年で「整数×小数」「小数×小数」の学習をする。「小数×整数」は，乗数が整数であるので，整数の乗法の意味を基に考えることができる。例えば，

　「1mの重さが2.3gのはり金があります。このはり金4mの重さは何gでしょうか。」

という問題では，式「2.3×4」における「×4」を4倍として考えることができればよい。同数累加の考えでも捉えることができよう。

　それに対して，「整数×小数」では，例えば，

　「1mの値段が70円のリボンがあります。このリボン2.4mの代金は，何円でしょうか。」

というような問題では，乗数が小数なので整数の乗法の意味である「いくつ分」でもって考えることや，同数累加で考えることには困難が生ずる。このことは，「小数×小数」においても同様である。このような場面では，小数倍ということがしっかりとイメージされていなければならないのである。いいかえれば，乗法の意味が「基準量×割合＝割合に当たる量」というように拡張されていなくてはならないということである。

　そのためには「小数×整数」の指導の際に，整数の乗法の意味を拡張する

ための手だてとして，数直線の図を導入しておくとよい。そして，その数直線を「整数×小数」や「小数×小数」の場面で活用するのである。次の図は，「整数×小数」の問題について考える際の図である。

　まずは，リボン2m，3mの代金を求めることを考え，その拡張として2.4mのリボンの代金を求めようと考えるのである。ここでは，数直線の図が，思考の道具となって意味の拡張に機能するのである。4年の〔数学的活動〕イ「算数の学習場面から算数の問題を見いだして解決し，結果を確かめたり，発展的に考察したりする活動」として，「商の意味を考える活動～小数を用いた倍～」が示されている。

■**計算の仕方を考える**■

　乗法の計算の仕方の指導は，まず第1に，加法・減法のときと同じように，整数の計算の仕方を基にして，整数ならば乗法ができるということを活用するのである。そのためには，例えば，1m70円のリボンは0.1m 7円となり，他方，2.1mは0.1mが21個あると考えて，7×21で求めることができる。計算の部分は整数の計算になっているのである。

　第2に，小数の仕組みとかけ算の決まりを用いる方法がある。70×2.4の2.4を10倍して70×24とし，その答えの10分の1を元の式の答えとするのである。この方法は，筆算の仕方に通ずるものである。筆算は，まず，小数点がないものとして整数の計算と同じように考えて計算をし，その後で，積の小数点の位置を考えるものであるからである。

　これらの計算の仕方の指導においては，まずは子どもたち自身が計算の仕方についていろいろと考えていくことが大切であり，その上で，互いの考えについての話し合いを通じて，ここに示したところへと納得しつつ至るようにしたい。

§19 小数の除法

3年で整数の除法について学習している。そこでは，除法の意味として等分除・包含除が指導されている。4年・5年の小数の除法では，整数の除法の考えを基にして小数の世界の除法へと拡張していくことになる。

■除法の意味の拡張■

小数の除法については，4年で「小数÷整数」，5年で「整数÷小数」「小数÷小数」の学習をする。

「小数÷整数」は，除数が整数であるので，整数の除法の意味である等分除でもって考えることができる。例えば，

「5.7mのリボンを，3人で同じ長さずつ分けると1人分は何mになるでしょうか。」

という問題では，等分除での意味づけができ，除法の式で表現することができる。

他方，「整数÷小数」「小数÷小数」では，「÷小数」を等分除で意味づけることはできない。例えば，

「1.4L入りで280円のジュース1L分のねだんはいくらでしょうか。」

という問題では，等分除で考えることに困難を生ずる。そこで，意味の拡張が必要となる。ここでも，乗法の意味の拡張の際に使った数直線の図が有効である。次の図は，「整数÷小数」の問題について考える際の図である。

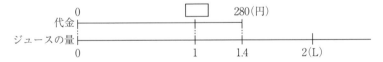

まずは，「÷整数」の場面で，例えば，「2L入りで390円のジュース1L分のねだんはいくらでしょう。」という問題で，等分除が「1当たり量を求める」ことであることを強調し，数直線の図の上ではどのようなことであるのかをしっかりと確認する。その上で，その拡張として小数でわる場合も

「1当たり量を求める」ことになることを，数直線の図や数量関係に着目しつつ理解を図っていくのである。これらのことは，5年の目標A（3）イで示されている「乗法及び除法の意味に着目し，乗数や除数が小数である場合まで数の範囲を広げて乗法及び除法の意味を捉え直す」ことである。

■計算の仕方を考える■

　除法の計算の仕方の指導は，まず第1に整数の計算の仕方を基にして，整数ならば除法ができるということを活用する。上記の例でいうと，1.4Lは0.1Lが14個だからということで，0.1L分の代金を280÷14で求めることができる。そして，0.1Lの10倍が1Lの値段であるから，280÷14の答え20を10倍して200円を得ることになる。

　第2に，除法の決まりを用いる方法がある。280÷1.4の中の280と1.4をそれぞれ10倍して2800÷14とし，得られた値でもって求める答えとするのである。この場合，小数を整数にしてから計算をするという考えは乗法のときと同じ考えであるが，手続きとしては乗法と除法ではかなり異なっている。乗法では乗数の小数を整数にするために10倍しているのであるが，除法では被除数も10倍しておくことによって得られた値がそのままで求める答えとなっているのである。このところは，子どもたちが機械的に乗法のときの方法を適用してしまわないように留意すべき点である。これらの手続きの違いを十分に理解させておくことが大切である。

　さて，この第2の方法が，除法の筆算の仕方を説明することになる。ここでは，筆算は，まず，除数が整数になるように10倍して小数点を右へ移すのであるが，それと同じように被除数も同じだけ小数点の位置を動かすのである。

```
    1.4 ) 280
10倍 ↓    ↓ 10倍
     14 ) 2800
```

　これらの計算の仕方の指導においては，まずは子どもたち自身が計算の仕方についていろいろと考えていくことが大切であり，その上で，互いの考えについての話し合いを通じて，ここに示したところへと納得しつつ至るようにしたい。

§20 分数の加法・減法

3年で分数の意味とその表し方の学習とともに簡単な分数の加法・減法の学習をしている。それを基に発展させて，4年で同分母分数の加法・減法，5年で異分母分数の加法・減法を学ぶ。分数という数が計算の対象となり，数と計算の世界を広げていく。

■同分母の分数の加法・減法■

同分母の2つの分数，例えば$\frac{1}{5}$と$\frac{2}{5}$のたし算では，$\frac{1}{5}$の大きさを単位として捉え，それがいくつ分になるかと考える。この場合，答えは$\frac{3}{5}$となる。$\frac{1}{5}$という単位分数を基に，整数の加法の考えを活用しているといってよい。

いくらか分数特有のことが出てくるのは，例えば$\frac{3}{6}+\frac{4}{6}$のように答えが仮分数となりそれを帯分数に直したり，例えば$\frac{4}{8}$を$\frac{1}{2}$とするように答えを大きさの等しい分数に直したりするときである。

減法でも，例えば$\frac{7}{8}-\frac{3}{8}$や$\frac{13}{12}-\frac{1}{12}$のとき，減法そのものは整数の減法の考えを活用し，答えのところで分数の表し方についての特有のことが出てくるといえよう。

■大きさの等しい分数■

4年で大きさの等しい分数（同値分数）を学ぶ。$\frac{1}{2}$という分数が，$\frac{2}{4}$や$\frac{3}{6}$や$\frac{4}{8}$や$\frac{5}{10}$などの分数と等しいことを理解する。整数の場合と異なり，分数には，大きさが等しいにもかかわらず様々な表し方が存在するという興味深い特徴がある。このことは，分数の大きさを捉えるときの多様な見方を生み出す。だから，答えは一番簡単な整数の組を使って，$\frac{2}{4}$は$\frac{1}{2}$と表現するようにしている。ただし，答えを約分して，できるだけ簡単な分数に直すことは，

5年で学習することになっている。大きさの等しい分数を自由に作り出すことができることは、異分母の分数の加法・減法において、その計算をするにあたってなくてはならないものである。

■**異分母の分数の加法・減法**■

　異分母の分数の計算ができてはじめて、分数がどれも計算できるという実感が得られる。ここで計算の仕方を考えるにあたっては、既習内容である同分母の分数の加法・減法の計算の仕方を活用することが大切である。計算ができるということの内実として、計算の仕方を覚えて適用するというだけでなく、既習の方法を活用して計算について考えていこうとする力も含めるべきであることを強調しておきたい。

　異分母の分数の加法・減法は5年で指導される。例えば、
「$\frac{1}{3}$Lのジュースと$\frac{1}{2}$Lのジュースを1つの入れ物に入れると、何Lになるでしょうか。」
という問題などである。$\frac{1}{3}+\frac{1}{2}$の計算をするにあたって、
「どうすれば4年のときの計算の仕方を活用できるかな」
と考えていくことが大切である。そして、「同じ分母の分数にすればよい」ということに気づき、そのためにはどのようにすればよいかを考えていくのである。このような思考の過程を表現したり、説明したりする活動に取り組み、考えを振り返ったり、他者と交流することによって、考えを確かなものにしたり豊かなものにしたりすることが大切である。

$$\frac{1}{3}+\frac{1}{2}=\frac{2}{6}+\frac{3}{6}$$
$$=\frac{5}{6}$$

■**通分・約分**■

　異分母の分数の加法・減法のためには、通分が必要である。通分は、いくつかの分数を、それぞれの大きさを変えないで、共通な分母の分数に直すことである。それは、分数の性質「分母の違う同じ大きさの分数がある」をもとにしたものである。約分も同様であるが、約分を分数の計算の途中で行うことにより、計算をより簡単なものとできる。また、特別な場合を除いて、答えは約分してできるだけ簡単な分数で表す。

§21 分数の乗法・除法

6年で分数の乗法・除法を学習し、分数という世界において加減乗除の四則計算ができるようになる。ここでは、分数の乗法・除法の意味、分数の乗法・除法の計算、計算に関して成り立つ性質の分数への適用を指導する。

■分数の乗法及び除法の意味■

分数の乗法・除法はともに6年で扱う。整数の乗法・除法から小数の乗法・除法へと拡張された乗法及び除法の意味を適用できるように指導する。

乗法の意味は、基準とする大きさとそれに対する割合から、その割合にあたる大きさを求める計算と考えられる。Bを「基準とする大きさ」、pを「割合」、Aを「割合にあたる大きさ」とすると、「B×p＝A」となる。

除法の意味は、割合を求める場合「A÷B＝p」と基準にする大きさを求める場合「A÷p＝B」が考えられるが、いずれも乗法の逆であると捉えられる。指導にあたっては、数直線等を有効に活用することが必要である。

■分数×整数、分数÷整数の計算■

「×整数」「÷整数」の計算は、今までの整数の乗法・除法の考えを活用することができる。例えば、「1dL当たり$\frac{2}{5}$m²ぬれるペンキがあります。3dLでは何m²ぬれるでしょうか。」という問題では、1当たり量を3倍すればよい。数直線の図では次のように表すことができる。

このとき、$\frac{2}{5}$は$\frac{1}{5}$が2つ分あることから$\frac{2}{5}$×3は$\frac{1}{5}$が（2×3）つ分あることが分かる。このことから$\frac{2}{5}$×3＝$\frac{2×3}{5}$という計算の仕方を得ることとなる。

除法においても、例えば、「$\frac{4}{5}$m²のへいをぬるのに、ペンキを3dL使います。このペンキでは、1dL当たり何m²ぬれるでしょうか。」という問題では、3等分して1当たりの量を求めればよい。$\frac{4}{5}$m²を3等分した量を、

$\frac{1}{5 \times 3}$m² の 4 つ分と考えるのである。数直線の図や面積図などを思考の道具として活用し，その思考過程を表現させ，説明する活動を充実させたい。

■分数×分数，分数÷分数の計算■

「×分数」「÷分数」の学習では，まず単位分数当たりの量を求めることが基本であり，そのことに気づかせていくことが大切である。

乗法について，例えば，「1 m の重さが $\frac{2}{3}$ kg の棒があります。この棒 $\frac{4}{5}$ m の重さは何 kg でしょう。」という問題を考えてみよう。乗法であることに気づかせた後，まず単位分数当たり量である $\frac{1}{5}$ m 当たりの重さを求め，($\frac{2}{3} \div 5$)，それを 4 倍すれば $\frac{4}{5}$ m の重さが求められることに気づかせることが大切である。このような理解を基に，また，「分数×整数」「分数÷整数」の考え方を基に $\frac{b}{a} \times \frac{d}{c} = \frac{b \times d}{a \times c}$ の式を得ることになる。

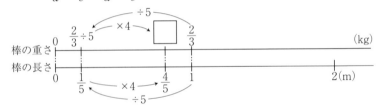

除法について，例えば，「$\frac{2}{3}$ m² の板をぬるのにペンキを $\frac{4}{5}$ dL 使いました。このペンキ 1 dL では，何 m² の板をぬれるでしょう。」という問題を考えてみよう。除法であることに気づかせた後，まず単位分数当たりの量である $\frac{1}{5}$ dL でぬれる面積を求めることである（$\frac{2}{3} \div 4$）。そこから，1 当たり量である 1 dL でぬれる面積を求めていく（$\frac{2}{3} \div 4 \times 5$）ことになる。このような理解を基に，また，「分数×整数」「分数÷整数」での考え方や「分数×分数」で得たことを基に，$\frac{b}{a} \div \frac{d}{c} = \frac{b}{a} \times \frac{c}{d}$ の式を得ることになる。

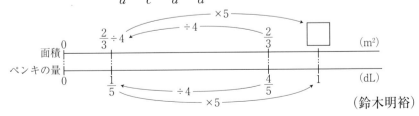

（鈴木明裕）

III 「図形」の内容

§1 「図形」指導のねらい

　図形は子どもにとって身近な存在であり，身の回りの生活とも関連が深い。また，図形の学習指導では具体物や図，立体が扱われ，観察や構成など，子ども一人ひとりの主体的・探究的な活動が設定しやすい。問題解決の授業を行いやすく，結果だけではなく解決の過程を重視する場の設定がしやすい領域でもある。図形の学習指導を通して，子どもの算数学習観が一層好ましいものになるようにしたい。

■図形指導のねらい■

　図形指導の主なねらいとして，次のことがあげられる。

〈知識及び技能〉
・観察や構成などの活動を通して，平面図形や立体図形の概念や性質を理解する。
・ものの形を認めたり形の特徴を捉えたり性質を見いだしたりという，図形についての感覚を豊かにする。
・図形の面積や体積を求めることができるようにする。

〈思考力・判断力・表現力等〉
・論理的な考えの進め方を知り，それによって図形の性質を見いだしたり説明したりすることができるようにする。
・図形についての問題解決の過程を通して，数学的に考える力や表現する力を育てる。

〈学びに向かう力，人間性等〉
・図形の機能的な特徴のよさや図形の美しさに気づき，図形の性質を生活や学習に活用しようとする態度を身に付ける。

■基本的な図形■

具体物の中から「ものの形」を抽象し，それをさらに抽象したものが図形概念である。

平面図形に関しては，2年で三角形や四角形，正方形や長方形，直角三角形，3年で二等辺三角形や正三角形，角，円，4年で平行四辺形，ひし形，台形，5年で多角形や正多角形などの基本的な図形を，また，5年で図形の合同，6年で縮図・拡大図，対称な図形を取り上げる。そこでは，観察や構成などの活動を通して，面・辺・頂点という構成要素，辺や角の相等，辺の位置関係等に着目することによって学習が進められる。

空間図形に関しては，1年で身の回りの形，2年で箱の形，3年で球，4年で立方体，直方体，5年で角柱，円柱を取り上げる。なお，角錐や円錐は中学校1年で扱われる。

学習指導を通して，子どもが普段使っている「さんかく」，「まる」という言葉を，それぞれ「三角形」，「円」という数学の概念へと高めていく。

■図形学習における数学的活動■

学習指導要領（平成29年告示）では，各学年における数学的活動が例示されている。図形に関しては，以下のものがある。

　　1年：身の回りの具体物を操作しながらものの形に親しむ活動
　　2年：構成要素に着目して立体（箱の形）をつくる活動
　　3年：身の回りの形の観察や操作を通して，まるい形に関心をもつ活動
　　4年：長方形を組み合わせてできた図形の面積の求め方を考える活動
　　5年：合同な三角形の作図の方法を見いだす活動
　　5年：台形の面積の公式をつくる活動
　　6年：縮図・拡大図を日常生活に利用する活動

これらの他にも，平面を図形で敷き詰める活動や，定規，コンパスなどを用いて図形をかいたり確かめたりする活動，図形の性質を帰納的や演繹的に考えたり説明したりする活動などの多くの活動があげられている。また，コンピュータを活用し，学習指導を工夫することについても示されている。

§2 図形概念の形成，二等辺三角形

図形の学習は，「ものの形」に着目することから始められる。

■ものの形への着目■

はじめに，身の回りにある空き箱などを用いていろいろなものをつくったり，箱を積んだり，箱の面の形を写しとったりしながら，ものの形を認めたり，形の特徴を捉えたりする。子どもは，箱などを，使用目的や色，大きさ，位置など，形に限定せずに多様な視点から捉える。ものを弁別する際には多様な観点があり，その中の1つに形があるという意識をもてるようにする。

■図形を構成する要素への着目■

ものの形に着目すると，次に，図形を構成する要素である頂点，辺，面，角などに焦点が当てられていく。まずはそれら構成要素の「数」に，次に辺の長さや角度などの「大きさ」に，そして辺や面の平行や垂直などの「位置関係」へと，図形を考察する観点を広げながら学習が進められる。

■図形概念の形成―文章表現と直観的イメージと―■

3本の直線で囲まれた形を三角形という。また，2辺の長さが等しい三角形を二等辺三角形といい，3辺の長さが等しい三角形を正三角形という。ここでは，二等辺三角形を例にして，その図形概念の形成について考えよう。

概念は，その内包と外延を明らかにすることによって形成される。

例えば二等辺三角形は，「2つの辺の長さが等しい三角形を二等辺三角形といいます」として定義される。これは，文章でその図形がもつ属性を示すこと，つまり，概念の内包を明らかにすることによる概念規定である。数学的概念の形成には明確な定義が不可欠であり，それは文章表現によるので，この側面からは抽象的にならざるを得ない。

一方それは，右の図を示して「この三角形もあの三角形も二等辺三角形だ」というように，所属メン

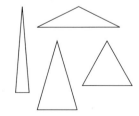

バーをいろいろと示すことによって，つまり，概念の外延を明らかにすることによって規定することもできる。この方法は，図という媒介があるから極めて具体的，直観的なイメージに支えられるが，それだけに，その概念とは無関係なノイズが入り込みがちである。例えば，先の図からは，底辺は水平方向に置かれているものと思い込んでしまうことがある。したがって，数学的概念の形成には内包と外延の両者がともに重要である。

なお，特に空間図形に関しては，教科書や黒板などの平面に示された写真や図を見るだけではイメージがもてない子どもがいる。模型などを手に取り，いろいろな方向から観察したり，図形の特徴を手で触って感じたりしてイメージを豊かにすることが，空間図形の概念形成にとって極めて重要である。

■定義に基づいて図をかく■

図形概念を確かなものにするには，定義に基づいて図をかくことが有効である。二等辺三角形についていえば，それが「2つの辺の長さが等しい」という条件によって規定されることが，図をかくことを通して意識化される。子どもに二等辺三角形をかかせると，次のアやイのようにかくであろう。

ア）まず底辺にあたる線分をかき，次にその両端の点からコンパスで等しい長さをとってその交点としてもう1点を決める。

イ）まず円弧をかき，その周上に2点をとって三角形をかく。

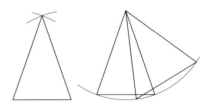

アの方法は，初めにかく線分を固定したとしても，等しい2辺の長さはいろいろと変わりうる。イの方法は，初めにかく円弧の半径，つまり，等しい2辺の長さを固定したとしても，底辺の長さはいろいろと変わりうる。いずれの方法も，一人ひとりが複数個の図をかくことによって二等辺三角形概念の外延を豊かにすることができる。このような図をかく活動を通して，底辺は水平方向になくてもよいのだ，頂角は尖っている必要はないのだと，理解を深めていく。

§3 平行四辺形・台形・ひし形

■2直線の平行・垂直■

2直線 l, m が同じ平面上にあって共有点をもたないとき，l と m は平行であるといい，$l /\!/ m$ で表す。また，2直線 l, m が交わっていて，そのなす角が直角であるとき，l と m は垂直であるといい，$l \perp m$ で表す。これを l と m は直交するともいう。記号「$/\!/$」「$\perp$」は中学校1年で扱われる。

4年では，平行四辺形やひし形，台形などの学習にあたって，2直線の平行・垂直の関係を取り上げる。なお，「垂直」は2直線の位置関係を表す用語であり，角の大きさを表す「直角」とは区別される。

指導にあたっては，実際に平行や垂直な2直線をかいたり，折り紙で平行や垂直になっている折り目を作ったりという具体的な活動を重視したい。なお，辺と面，面と面の平行・垂直は，直方体等の立体を通して扱う。

■1つの直線に垂直な2つの直線■

2直線が平行であることは，ノートの罫線や鉄道のレール等にみられるように，どこまで延ばしても交わらない2つの直線として直観的に捉えることができる。また，次の①や②のように特徴づけられる。

① 1つの直線に垂直な2つの直線は平行である。

② 平行な2つの直線の幅は，どこも等しくなっている。

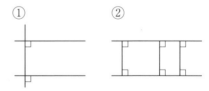

算数では①によって平行概念を規定している。これは，「2つの直線の同位角が等しいならばそれらは平行である」という命題において，同位角の大きさが直角の場合を取り上げたものになっている。

■平行四辺形・台形・ひし形■

4本の直線で囲まれた平面図形を四角形という。また，2組の対辺が平行な四角形を平行四辺形といい，1組の対辺が平行な四角形を台形という。

4年では，平行四辺形，台形，ひし形について，そのかき方や性質等を明らかにする。

平行四辺形は，「向かい合った2組の辺が平行な四角形」として定義される。定義に基づいていろいろな形の平行四辺形をかき，平行四辺形概念の外延（平行四辺形にあてはまるものの集合）や内包（平行四辺形にあてはまるものがもつ共通な属性）を明らかにして，平行四辺形を捉えることが学習の中心である。そして，2組の対辺の長さや対角の大きさが等しいなどの性質にも着目し，平行四辺形についての理解を深めるようにする。その際，2年で学習した長方形や正方形も同時に取り上げることによって，それらを平行四辺形の考察の観点から統合的に捉え直すことができ，学習が一層豊かになる。

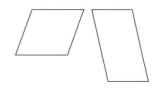

■**四角形の対角線**■

4つの辺の長さがみな等しい四角形をひし形という。

4つの角の大きさがみな等しい（つまり直角の）四角形を長方形という。

4つの辺の長さがみな等しく，4つの角の大きさがみな等しい四角形を正方形という。

4年で，これらの四角形の定義およびそれぞれの四角形がもつ対辺，対角や対角線に関する性質を理解する。四角形の対角線については，その長さや交わり方で特徴づけることになる。平行四辺形には，2本の対角線が互いに二等分されるという性質があり，ひし形には，2本の対角線が垂直であり，互いに二等分されるという性質がある。

なお，「ひし形は平行四辺形の特別な形である」というような命題は，中学校2年での図形の論証で扱われる。小学校では，作図や折り紙等を使った具体的な活動を通して，例えば平行四辺形と長方形とを対比したり，ひし形と正方形とを対比したりして，子どもが既に得ている図形の知識の関連を図る。そうした活動を通して，例えばひし形は，平行四辺形がもつ性質をすべて備えた四角形であること等を見いだせるとよい。

§4 平面図形の性質

■平面図形の性質■

学習指導で取り上げる性質としては，例えば3年での「二等辺三角形の2つの角の大きさは等しい」，4年での「平行四辺形の向かい合う辺の長さは等しい」など，個々の図形に関するものがある。実際に紙で図形を作り，それを折ったり切ったりする活動を通して，これらの性質を帰納的に確かめる。

また，5年での「三角形の内角の和は180°である」という性質を基に「四角形や五角形の内角の和」を求める学習のように，いくつかの性質の関連に関するものがある。これらの学習を通して，筋道立てて考えそれを表現する能力を伸ばす。

例えば，5年での学習の基になる「三角形の内角の和は180°である」ことは，3つの角の大きさを分度器で測ったり，角の部分を一カ所に集めたり，合同な三角形の敷き詰めによる方法によって確かめられる。その際，子どもは正三角形や直角二等辺三角形など特別な場合を持ち出して説明し，それで十分であると考えがちである。そのような説明も認めながらも，どんな三角形についても成り立つ性質を調べていることを捉えさせることが重要である。

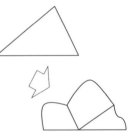

四角形や五角形の内角の和については，対角線を引いていくつかの三角形に分割すれば求められることを，子ども自らが見いだすような展開にしたい。

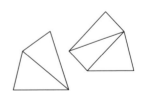

■論理的な考え■

「論理的な考え」は，ふつう，「帰納的な考え」「類推的な考え」「演繹的な考え」からなるとして語られる。

「帰納的な考え」は，いくつかの例の共通性に着目して一般的な事柄を見いだす考えである。例えば，2，3の具体的な三角形の角の大きさを調べて「三角形の内角の和は180°である」と結論づけるのは，この考えによっている。

「類推的な考え」は，類似な場面や内容であると考えられる2つについて，一方に関して成り立つ事柄が他方に関しても同様に成り立つと推測する考えである。例えば，ひし形の対角線は直交するので，「（それと似ている）平行四辺形の対角線も（同様に）直交する」と結論づけるのは，この考えによっている。類推的な考えは，日常的にほとんど無意識に使われる。

「演繹的な考え」は，既に真であると認めた事柄を基にして，ある事柄が真であることを筋道立てて説明するという考えである。例えば，既に得ている「三角形の内角の和は180°である」ことに基づいて，その根拠を明らかにして四角形や五角形の内角の和を得る際に使われる。

帰納的な考えや類推的な考えは，主として直観に関わる。偽の結論を導くこともあるが，性質や方法等の発見に極めて有効な考えである。演繹的な考えは，主として論理に関わるものである。帰納的な考えや類推的な考えによって見いだした事柄を，演繹的な考えによって説明することで算数・数学の世界は広がっていく。したがって，これらの考えはいずれも重要である。

■「論理的な考え」の指導■

「帰納的な考え」によって，2，3の具体例に基づいて性質等を一般的にまとめた場合，さらにそれとは別の例について，その主張を再確認したい。それが，その性質等に対して，より確かな納得をもたらすだろう。

「類推的な考え」は，当てずっぽうや思いつきとして捉えられがちである。「どうしてそう考えたの？」と問うことで，子どもなりに類似な場面や内容に着眼し，そう考えた理由があることを表出させることができるだろう。

「演繹的な考え」では，主張の根拠を明確にすることが重要になる。その根拠は，用語の定義や既に真と認めた事柄だけではなく，測ってみたら，切ってみたら，折ってみたら等々，具体的な活動の結果であることも多い。学習の進行に応じて，何を根拠に用いているかに徐々に関心を持たせたい。

§5 図形の合同，縮図・拡大図

■図形の合同■

5年では，図形の合同を扱う。これまでは長方形や二等辺三角形のような単一の図形について調べてきたが，図形の合同では「形も大きさも同じ」かどうかという観点から，2つの図形の関係を考察することになる。

ぴったり重なる2つの図形を合同な図形という。合同な図形では，対応する辺の長さや対応する角の大きさはそれぞれ等しい。

図形の合同の見方は，図形の性質を見いだしたり確かめたりする際に有効に働く。例えば平行四辺形の対角線をひくと合同な2つの図形が現れることから，その対辺の長さや対角の大きさが等しいことが導かれる。

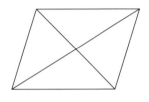

指導にあたっては，どの辺と辺が重なり，どの角と角が重なるのかといった見通しをもってから，実際に重ね合わせてそれを確かめるようにしたい。特に裏返しの合同について，子どもは理解しにくいといわれている。必要に応じて具体物を用いるなどして，対応する辺や角について丁寧に扱いたい。

また，平面を合同な図形で敷き詰める活動を取り上げるとよい。敷き詰めの考えは，三角形や四角形の内角の和を考える際などに生かすこともできる。

■合同な図形をかく■

与えられた図形と合同な図形をかく場合は，薄い紙にもとの図形を写しとったり，対応の考えを使ったりしてかくことができる。このような活動を通して，一方を他方にぴったり重ねることができるという図形の合同の意味を理解していく。そして，与えられた三角形と合同な三角形をかく場合は，もとの三角形のすべての辺の長さや角の大きさを調べなくても，2つの三角形が次の関係を満たすようにかけば，できる三角形がただ1つに決まってかけることを，図をかいた活動の結果に基づいてまとめる。

・3つの辺の長さがそれぞれ等しい
・2つの辺の長さとその間の角の大きさがそれぞれ等しい
・1つの辺の長さとその両端の角の大きさがそれぞれ等しい

　2つの三角形が合同かどうかをこれらによって確かめることができるが，これらを「三角形の合同条件」として位置づけて学習指導することは中学校2年で行う。小学校では，深入りすることのないように留意する。

■縮図・拡大図■

　6年では，縮図・拡大図を扱う。縮図・拡大図は，「形が同じ」かどうかという観点から2つの図形を捉えるものであり，中学校3年で学習する「図形の相似」の内容へとつながる。縮図や拡大図の関係にある2つの図形では，対応する角の大きさはすべて等しく，対応する辺の長さの比はどこも一定である。

　このようにして，算数・数学の学習を通して，図形における「同じ」ということの見方を，「名称が同じ」，「合同（形も大きさも同じ）」，「相似（形が同じ）」と広げていく。

■縮図・拡大図をかく■

　一方の図を縮小・拡大してもう一方の図をかく活動を通して，縮図や拡大図の意味を理解していく。

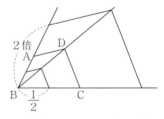

　与えられた図形の縮図や拡大図をかくには，もとの図形を方眼上で縦，横の両方の向きに同じ割合で縮小・拡大する。また，もとの図形の1つの頂点に集まる辺や対角線の長さの比を一定にしてかくこともできる。

■身の回りから縮図や拡大図を見いだし活用する■

　身の回りには，地図や写真，コピー機や顕微鏡の像のように，縮図や拡大図の関係にある図が数多くある。例えば，地図上の長さと縮尺から実際の距離を求めたり，木の高さや川幅を縮図をもとにして求めたりする活動は，算数で学んだことを活用しようとする態度の育成に大きく貢献する。

§6 対称な図形，図形の操作

■対称な図形■

1本の直線 l を折り目として折るとき，ぴったり重なる図形を線対称な図形という。このとき直線 l を対称の軸という。線対称な図形では，対応する点を結ぶ線分 PP′ は，直線 l によって垂直に2等分される。

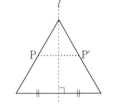

1つの点Oを中心として180度回転したとき，ぴったり重なる図形を点対称な図形という。このとき点Oを対称の中心という。点対称な図形では，対応する点を結ぶ線分 PP′ は，点Oを通り点Oによって2等分される。

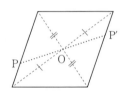

■対称性の観点から既習の図形を捉え直す■

6年では，対称な図形の意味について学習し，既習の平面図形を対称性という新しい観点から捉え直す。

例えば，子どもは2，3年で，長方形や正方形，二等辺三角形や正三角形を折り紙で作り，それらを，辺や角がぴったり重なるように半分に折ることを経験してきている。そうした学習経験を振り返り，それらの図形を線対称な図形という観点から統合的に捉え直す。また，既習のいろいろな四角形について，対称性の観点から弁別し整理する活動に取り組むと，次の表を得る。

	台形	平行四辺形	ひし形	長方形	正方形
点対称な図形	×	○	○	○	○
線対称な図形	×	×	○	○	○
対称の軸の本数	―	―	2	2	4

この活動から，平行四辺形，ひし形，長方形，正方形は点対称な図形として捉えることができ，ひし形，長方形，正方形は線対称な図形でもあるとし

て捉え直すことができる。あわせて，正方形の対称の軸は，ひし形と長方形の対称の軸と同じ見方で見つけることができることなども，子どもに見いださせたい。

■対称な図形を見つけ楽しむ■

対称な図形は，植物や動物，装飾品，地図記号や都道府県のマークなど，身の回りのいたるところで見ることができる。それらを見つける活動を通して，図形がもつ均整のとれた美しさや安定性などを感じたり，身の回りのもののデザインに活用されていることを実感したりしながら楽しませたい。また，自ら対称な図形を用いたデザインを考え，かいてみるのも面白い。

■ずらす・回す・裏返す■

図形の移動には，平行移動，回転移動，対称移動があり，これらは，図形の性質を調べたり確かめたりする上で重要となる基本操作である。これらの用語は中学校1年で扱われる。小学校では，これらの移動をそれぞれ「ずらす」，「回す」，「裏返す」といった表現を用いて図形の操作に親しませたり，図形に働きかけて図形を動的に見る感覚を豊かにしたりする。

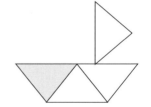

■平面図形の敷き詰め■

身の回りには，図形を敷き詰めた模様が多くある。それらを観察したり，自ら図形で平面を敷き詰めたりする活動は，子どもの図形の見方や感覚を豊かにする。例えば，次のような意義がある。

・平面の広がり，出来上がる図形やパターンの美しさなどを感じる。
・合同な三角形を敷き詰めた図形の中に，平行四辺形や六角形，様々な大きさの三角形を見いだすなど，図形を認める感覚を豊かにする。
・平行線の性質や三角形の内角の和の性質（上の図で，●＋△＋□＝180°であること）を見いだすなど，図形の見方を豊かにする。

（近藤　裕）

§7 平面図形の面積と角

　面積は，平面図形の広さを表す量である．面積に関連して，1年では広さの比較を学習している．それを踏まえて，4年では，面積の単位（cm², m², km², a, ha）と長方形や正方形の面積の求め方について，5年では，三角形，平行四辺形，ひし形，台形の面積の求め方について学習する．

　角は，1つの点（頂点）から出ている2つの半直線（辺）でできる図形である．点を中心として，1つの半直線を回転させるとき，その回転の大きさが角の大きさである．2年では直角について，3年では正三角形や二等辺三角形の性質として角の大きさが等しいことについて，4年では角の大きさを回転の大きさとして捉え直し，角の単位（°）について学習する．

■正方形及び長方形の面積■

　面積の大きさは，単位正方形の個数で表す．例えば，右図のように，1辺1cmの単位正方形が12個分の長方形の面積は12cm²となる．もし単位正方形の1辺の長さが1mであれば，長方形の面積は

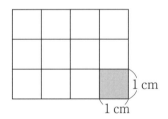

12m²となる．この面積の定義に従うと，長方形の中にある単位正方形の個数は(縦)×(横)で求めることができ，これが長方形の面積である．同様に考えて，正方形の面積は(1辺)×(1辺)で求めることができる．

　指導に当たっては，これらの公式をすぐに与えるのではなく，面積の意味が単位正方形の個数であることを理解させた上で，公式を導く方法を児童に考えさせることが重要である．

■面積の単位■

　面積の単位 cm², m², km², および a, ha 相互の関係は次の通りである．

$$1\,\text{cm}^2 \xrightarrow{\times 100 \times 100} \text{m}^2 \xrightarrow{\times 100} 1\,\text{a} \xrightarrow{\times 100} 1\,\text{ha} \xrightarrow{\times 100} 1\,\text{km}^2$$

すなわち，1辺の長さ10mの正方形の面積が1a，1辺の長さ100mの正方形の面積が1haに等しくなる。aとhaは，m^2とkm^2の間に存在する単位であり，土地の広さなどを表すのに多く使われている。指導に当たっては，身の回りにある様々な平面図形の面積を予想したり，実際に長さを測って面積を計算したりする活動を通して，面積に関する量感を豊かにすることが重要である。また，これまで学習してきた長さの単位間の関係を振り返って統合的に考察することで，単位に関する理解を深めることが大切である。

■三角形，平行四辺形，ひし形及び台形の面積■

これらの図形の面積の求め方は，次の通りである。

　三角形：(底辺)×(高さ)÷2，　　平行四辺形：(底辺)×(高さ)

　ひし形：(対角線)×(対角線)÷2，台形：{(上底)+(下底)}×(高さ)÷2

指導に当たっては，4年で学習した長方形の面積の求め方を振り返って，児童に複数の方法を考えさせ，それらを比較検討する活動が重要である。例えば，台形の面積の求め方について，次のような方法を取り上げ，いずれの求め方も既習の求め方に帰着させていることに気づかせたい。

分割

倍積変形

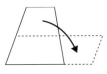
等積変形

■角の大きさと単位■

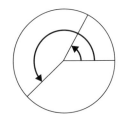

「角の大きさ」を「回転の大きさ」で捉え直すことにより，三角形の角にはない180度以上の角も表すことができる。指導に当たっては，角の大きさが，辺の長さには関係しないことを理解させることが重要である。

また，角の大きさの単位として度（°）を学習する。このとき，身の回りにある角の大きさを分度器を使って測定したり，指定された角を作ったりする活動を通して，角に関する量感を豊かにすることが大切である。

§8 円と球

　平面上で，定点から一定の距離にある点からなる図形を円といい，定点を円の中心，一定の距離を円の半径という。また，円周上の2点を結ぶ線分を弦，中心を通る弦を直径といい，円周の直径に対する比の値を円周率という。円の面積は，半径×半径×円周率で求められる。

　空間内で，定点から一定の距離にある点からなる図形を球という。このとき，定点を球の中心，一定の距離を球の半径という。また，球面上の2点を結ぶ線分が中心を通るとき，この線分を直径という。

■円■

　3年では，円について学習する。日常的な「まる」や「まるいかたち」から円の概念へと高めることが大きなねらいである。

　導入の活動としては，コップの縁などのまるい形を写し取る，細長い厚紙とピンを使って円をかく，定規を使って1点から等しい距離にある点をたくさん取る，などが考えられる。このような活動を通して円をかき，円の定義に結びつける。

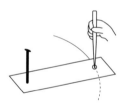

■コンパスの使用■

　子どもは，コンパスに興味を持っているが，針にバランスよく力を加えてスムーズにコンパスを回転させて円をかくことができるようになるためには，ある程度の練習が要求される。コンパスを使った模様作りや図形遊びを取り入れて，コンパスを十分に使いこなせるようにするとともに，いろいろな図をかく活動を通して，コンパスは円をかくだけではなく，等しい長さを測りとったり移したりすることができる用具であることも理解させるようにする。

■円周率■

　3年での円の中心，半径，直径などの学習に基づいて，5年では円周率の意味について学習する。

導入に当たっては，例えば，円に内接する正六角形の周の長さと円に外接する正方形の周の長さを調べて，正六角形の周の長さは直径の長さの3倍，正方形の周の長さは直径の長さの4倍になることから，円周の長さが，直径の長さの3倍より長く4倍より短いことを見いだす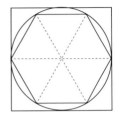
活動が考えられる。続いて，大きさの異なるいくつかの円について，円の直径の長さと円周の長さを実際に測り，いずれの円の場合も，円周÷直径の値がほぼ一定の値（3.14）になることに気づかせたい。

また，円周率が3.14であることを使って，円の直径の長さから円周の長さを求めたり，逆に円周の長さから直径の長さを求めたりすることを扱う。

■円の面積■

5年で学習した円周率を振り返って，6年では円の面積の求め方について学習する。

指導に当たっては，まずは右図をもとに，円の面積が，半径を1辺とする正方形の面積の2倍より大きく4倍より小さいことの見当を付けたり，方眼紙を使っておよその面積を求めたりする活動が重要である。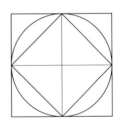

次に，例えば，図のように円を等分して並べ変える。等分の数を増やすと長方形に近づくので，長方形とみなすことで，面積は次のように求められる。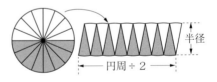

　面積＝（円周÷2）×（半径）＝（直径×3.14÷2）×（半径）＝（半径）×（半径）×3.14

■球■

3年では，円の学習に関連させて球を扱う。ボールなどの様々な立体を見せながら，「どこから見ても円に見える形」として球を定義する。さらに，球の性質として，平面で切った切り口はどこも円であること，ちょうど半分に切った場合の円が最大になることについて，模型の操作や観察を通して理解できるようにすることが重要である。

§9 立体図形

　三次元空間内の面で囲まれた図形を立体図形，あるいは単に立体という。例えば，小学校で扱われる立方体，直方体，柱体，球等は立体である。
　長方形で囲まれた立体を直方体，正方形で囲まれた立体を立方体という。
　身近な立体について，観察したり模型を作ったり分解したりというように，具体的操作活動を取り入れて豊かな学習を構想したい。

■身の回りにある立体の観察■

　1年では，身の回りにある立体について，観察，構成，分解という活動を通して，ものの形を抽象していく。子どもたちが持ち寄った立体は，形以外にも，大きさ，色，材質，用途等の属性を持っている。それらの着眼点を大切にしながらも，次第に形に着目し，「箱の形」「ボールの形」「筒の形」等のように概形的に捉えていくようにする。そして，箱の形は重ねて積み上げることができること，ボールの形は転がりやすいこと，筒の形は，置き方によって転がりやすかったり重ねて積み上げることができたりすることなど，それぞれの立体の特徴を捉えることができるようにする。
　また，身の回りから似た立体を集めたり，積木等で身の回りにある立体を作ったり分解したりする活動を通して，立体図形の理解の基礎となる経験を豊かにするとともに，算数と生活とのつながりにも目を向けるようにする。

■箱の形■

　2年では，立方体・直方体の形状をした箱の形を取り上げる。箱を観察したり構成したり分解したりして，図形の構成要素である面，辺，頂点に着目し，面の形や面・辺・頂点の個数を調べる活動を行う。辺や頂点の個数に着目させる場合には，ひごと粘土玉等で箱の形（右図）を作る活動を取り入れるとよい。

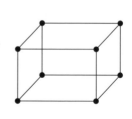

　なお，ここでは立方体や直方体という用語は使わずに，日常語で表現する。

■立方体・直方体■

4年では，立方体・直方体について学習する。2年での箱の形の学習を振り返り，立方体・直方体の面の形や面・辺・頂点の個数を調べるとともに，辺や面の平行・垂直の位置関係について調べる活動を行う。辺や面の平行・垂直の位置関係の意味については，次のように直方体を使って直観的に理解させるようにする。

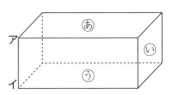

- 面あと面うのように，向かい合う2つの面は平行である。
- 面あと面いのように，隣り合う2つの面は垂直である。
- 面いと辺アイのように，交わらない面と辺は平行である。
- 面あと辺アイのように，頂点で交わっている面と辺は垂直である。

指導に当たっては，例えば，教室を直方体に見立てた上で，教室の壁，天井，床や桟を指し示し，平行や垂直の関係について調べることを通して，生活場面と関連づけることが大切である。

■角柱・円柱■

5年では，立方体，直方体，球以外の立体として，基本的な角柱や円柱を取り上げる。基本的な角柱や円柱とは，直角柱や直円柱のことであり，直角柱の底面が三角形，四角形，…のときに，それぞれ三角柱，四角柱，…と呼ぶ。4年で学習した直方体や立方体は，四角柱に含めて捉える。導入では，例えば，いろいろな形・大きさの角柱や円柱を複数用意し，それらを2つのグループに仲間分けする活動が考えられる。

また，面の形や面・辺・頂点の個数を調べたり，辺や面の平行・垂直の位置関係について調べたりする。さらには，外見的な特徴だけではなく，底面に平行な平面で切ったときの切り口の形を考えたり，真上から見たときの図形を考えたりなど，分析的な見方も取り上げたい。これらの活動を通して，角柱，円柱それぞれの特徴を捉え，角柱・円柱についての理解を深めることが重要である。

§10　見取図・展開図とものの位置の表し方

右の図のように，立体をその概形が一目で分かるように平面上に表した図が見取図である。かき方に決まりはないが，図のように辺の平行性を保つようにかいた「斜投影図」と呼ばれる図が一般的である。この場合，辺の長さや角の大きさは実際とは異なっている。

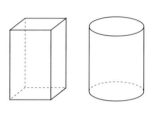

立体を，適当な辺や線に沿って切り開いて平面上に広げた図を，その立体の展開図という。

見取図や展開図は，三次元空間内にある立体を1つの平面上に表現する方法として重要である。

■見取図■

4年では，直方体・立方体の見取図を，5年では，角柱・円柱の見取図を扱う。見取図は，概形を一目で理解したり，立体について考察したりするときに活用する便利な図である。しかし，立体を見取図で表現することは，児童にとって必ずしも容易ではないので，ていねいに指導する必要がある。

指導に当たっては，まずフリーハンドでかかせ，どのようにかけば立方体や直方体らしくかけるかについて，子どもの反応例をもとに吟味していくことが考えられる。

また，見取図をかくだけではなく，見取図を読みとることも重要である。例えば，見取図を見ながら1つの面と平行・垂直な面を言わせる，といった活動を通して，見取図を見て頭の中で立体が想像できるようにすることが大切である。

■展開図■

4年では，直方体・立方体の展開図を，5年では，角柱・円柱の展開図を扱うが，その素地は，2年での「箱の形」の学習において養われている。そ

こでは，箱を切り開いたり，逆に切り開いた形から箱を組み立てたりする活動を行っている。

指導に当たっては，2年での学習を振り返って，展開図の意味を理解し，展開図がかけるようにする。また，1つの展開図だけではなく，複数の展開図を取り上げるとともに，展開図からできる立体を想像できるようにすることも重要である。

例えば，右の展開図からできる立体を想像する場合，面（い）を底面とみることもできるし，面（う）を底面とみることもできる。一人ひとりの念頭的操作をより明確なものにするために，また，それぞれの見方を学級で共有するためにも，これらの見方を言葉で表現する活動が大切である。

■立体模型と見取図・展開図■

立体に関する学習では，特に個人差が現れやすい。また，数と計算は得意だが立体は苦手という子どももいる。見取図や展開図からその立体を想像できなかったり辺や面の位置関係が捉えられなかったりという場合には，実際的活動にもどり，立体模型を手にとって観察させることが重要である。また，展開図を切り取って構成・分解を繰り返して観察させる活動も大切である。こうして，立体模型と見取図・展開図の間を行き来しながら，学習を進めていけるように授業を構想したい。

■ものの位置の表し方■

平面の位置を表すには（縦，横）の2つの要素が，空間の位置を表すには（縦，横，高さ）の3つの要素が必要である。これらの要素を基に，基点からの距離などを使って，ものの位置を簡略に表すことが可能となる。指導に当たっては，教室等の生活場面を使って，理解させることが重要である。

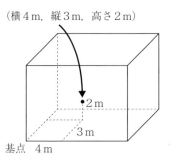

§11 立体図形の体積

体積は，空間に広がりをもつ立体図形の大きさを表す量である。体積に関連して，1年ではかさの比較や任意単位による測定を，2年ではかさの普遍単位（リットル L，デシリットル dL，ミリリットル mL）について学習している。それらを踏まえて，5年では，体積の単位（cm^3，m^3）と直方体や立方体の体積の求め方について，6年では角柱や円柱の体積の求め方，概形のおよその体積について学習する。

■直方体及び立方体の体積■

体積の大きさは，単位立方体の個数で表す。例えば，右図のように，1辺1cmの単位立方体が6個分の直方体の体積は$6cm^3$となる。もし単位立方体の1辺の長さが1mであれば，直方体の体積は$6m^3$となる。

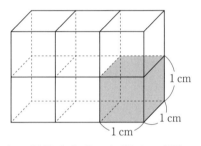

この体積の定義に従うと，直方体の中にある単位立方体の個数は，（縦）×（横）×（高さ）で求めることができ，これが直方体の体積である。同じように考えて，立方体の体積は，（1辺）×（1辺）×（1辺）で求めることができる。

指導に当たっては，平面図形の面積の場合と同様に，これらの公式をすぐに与えるのではなく，体積の意味が単位立方体の個数であることを理解させた上で，公式を導く方法を児童に考えさせることが重要である。

■体積の単位とかさの単位■

2年で学習したかさの単位（L，dL，mL）は，体積の単位でもある。その関係は次の通りである。

$$1\,mL = 1\,cm^3, \quad 1\,dL = 100\,cm^3, \quad 1\,L = 1000\,cm^3 = \frac{1}{1000}\,m^3$$

すなわち，1辺の長さ1cmの立方体の体積が1mL，1辺の長さ10cmの

立方体の体積が1（L）に等しくなる。特に，リットルLの単位は，立方センチメートル（cm³）と立方メートル（m³）の間に存在する単位であり，実際に身の回りで多く使われている。

指導に当たっては，身の回りの様々な容器や立体の体積を予想したり，実際に長さを測って体積を計算したりする活動を通して，体積に関する量感を豊かにすることが重要である。また，次のようにこれまで学習してきた長さや面積の単位の関係を振り返って，統合的に考察することで，単位に関する理解を深めることが大切である。

〔長さ〕　1 cm　—— ×100 ——→　1 m

〔面積〕　1 cm²　—— ×100×100 ——→　1 m²

〔体積〕　1 cm³　—— ×100×100×100 ——→　1 m³

〔かさ〕　1 mL　—— ×1000 ——→　1 L　—— ×1000 ——→　1 kL

■角柱及び円柱の体積■

5年で学習した直方体の体積の公式は，次のように捉え直すことができる。

（縦）×（横）×（高さ）＝（底面積）×（高さ）

すなわち，1番下の段の単位立方体の個数（底面積）に段数（高さ）をかけることで，全体の単位立方体の個数が求められる。これを基にすると，角柱や円柱の体積も，同様に（底面積）×（高さ）で求められることが分かる。

指導に当たっては，5年の立方体及び直方体の体積や，底面積として用いる三角形などの面積，および6年の円の面積の学習を振り返りながら，体積が（底面積）×（高さ）で求めることができることを，児童に考えさせることが重要である。

（熊倉啓之）

「測定，変化と関係」の内容

§1 「測定」指導のねらい

　測定とは，ものの大きさを比べる活動から始まり，量を数値で表現するために，基準となる同種の量を決めて，数値化する量が基準となる量の何倍かを表す操作である。この数値を測定値といい，基準になる量を単位という。
　測定を指導するねらいは，次の3つにまとめられている。
- 身の回りの量について，その概念及び測定の原理と方法を理解するとともに，量についての感覚を豊かにし，量を実際に測定すること
- 身の回りの事象の特徴を量に着目して捉え，量の単位を用いて的確に表現すること
- 測定の方法や結果を振り返って数理的な処理のよさに気付き，量とその測定を生活や学習に活用しようとする態度を身に付けること

　基本的な量には，長さ，重さ，時間のほかに，広さ，かさ，角の大きさ，速さなどがある。これらの量を測定する原理や方法を理解して，的確に測定するとともに，量感を育てることで，生活や学習に活用することが主な指導のねらいである。

■比較から測定へ■

　比較は，2つ以上のものの量を比べるという測定の初歩である。また社会生活をする中で不可欠な活動である。したがって，比較から測定へと活動が質的に向上することが，測定を指導する目標の1つである。
　2つの柱で内容が示されており，1年生では次のように述べられている。
　　ア　次のような知識及び技能を身に付けること。
　　　（ア）長さ，広さ，かさなどの量を，具体的な操作によって直接比べたり，他のものを用いて比べたりすること。
　　　（イ）身の回りにあるものの大きさを単位として，その幾つ分かで大

きさを比べること。
　　イ　次のような思考力，判断力，表現力等を身に付けること。
　　　（ア）　身の回りのものの特徴に着目し，量の大きさ比べ方を見いだすこと。

■量の４段階指導■

量の比較から単位を用いた測定に至るまでの指導には，４つの段階がある。学習指導要領には，この段階が考慮されている。当然，扱う量や学年段階によって適切に設定される。

a．直接比較

２つの物を直接に並べたり，重ね合わせたりすることで，その量の大きさを直接的に比較することである。例えば，２枚の紙の広さを比べるとき，角を揃えて重ねることにより，一方が他方を完全に含むことで，広さの大小を判断する。単純な比較の操作であるものの，その背景には，ものを変形しても量は保存されるという「量の保存性」への認識が必要である。

b．間接比較

２つの量の大きさを比較するとき，動かせないものや重ね合わせられないものなどで，直接比較ができないことがある。このようなとき，少なくとも，これらの物のどちらかを他の物に置き換えて，第三の仲介物を利用して，間接的に比較する。

c．任意単位による測定

大きな量や多数の量を比較するときは，量そのものではなく，数値によって比較する方が便利である。実際の測定の初歩として，単位によって量を数値化する。単位は，身の回りの手頃な量である任意単位でよい。

d．普遍単位による測定

普遍単位は，社会的な普遍性をもつように規定された単位である。２年では長さの単位やかさの単位［ミリリットル（mL），デシリットル（dL），リットル（L）］。３年では重さの単位［グラム（g），キログラム（kg），トン（t）］等を学ぶ。

§2 長さ

　長さは，空間における2点間の距離であり，最も基本的な量である。というのも，長さは具体的な量であり，大きさが見て分かるからである。したがって，1年生から比較などの活動を通して，長さを測定する意味を豊かにするように指導する。そして2，3年生では長さの単位を指導する。長さは，さらに他の量を構成していくときの基本量になるとともに，数直線を介して数の概念に結びつく重要な内容である。

■長さの直接比較■

　長さの直接比較は，移動ができる2つ以上の物を，並べて置いたり重ねたりして長さを比べる活動である。例えば，2本の鉛筆の長さを比べるとき，一方の端を揃え，反対側の端で長さの大小を比べることができる。

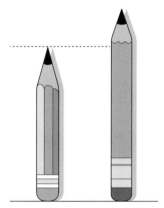

■長さの間接比較■

　動かせないものの長さの比較，あるいは机が教室の入り口を通せるかなど，予め机の長さと教室の入り口の幅を比べるときのように，直接比較ができないことがある。このような場合は，棒やひもを仲介物にして長さを移しとり，移動できる第三の量として長さを比較することができる。このような比較の方法を間接比較という。

■長さの任意単位■

測定が，比較と異なるのは，単位を用いて数値で量を表現することである。そのために，まず基準とする量を決める。この「単位」の考え方が重要である。単位は，量の比較に仲介物を使うという間接比較から生まれてくる。そして，比較する対象と同じ長さではなく，より小さな長さを使うという考え方である。これを，任意単位あるいは個別単位とよんでいる。

そして，任意単位のいくつ分という倍の考えを用いて数値化する。例えば，指や鉛筆，消しゴムのいくつ分といった具合である。長さなどの量を数値に置き換えるこの活動は，任意単位とよばれている。

■長さの普遍単位■

長さの普遍単位は，第2学年で学習する。長さの単位は，ミリメートル（mm），センチメートル（cm），メートル（m）がある。また，第3学年ではキロメートル（km）を学ぶ。これらの単位は，国際単位であるメートル法に基づいている。単位の関係は，10倍，100倍，1000倍となっている。長さについての量感をもち，およその見当を付けて，単位を選択して測定するように指導する。

■ものさし・巻き尺■

ものさしは，長さを測定する計器として，第2学年で扱う。また，第3学年では，より長い物を測定するために，巻き尺を用いる。巻き尺は，目盛の0の位置が明示してあるものと，明示せず端を0としているものがあるので，注意が必要である。ものさしが直線上に固定されているのに対して，巻き尺はものに巻いて測定することができる。

§3 時刻と時間

　時刻は，時の流れのなかの各瞬間，つまり１点を示す。時間は時刻のある点からある点までの間隔の大きさを表す量である。時間の流れは一方向であり，実体として捉えにくいなど他の量にはない性質がある。そのため，単位を設けて測定することは簡単ではない。

　学校生活や日常生活では，時刻を読んで行動することは重要なことである。また，時刻と時間の区別や60進法を用いた時間の単位などの知識及び技能を身に付け，日常生活に生かすように指導する必要がある。

■時刻と時間の指導■

第１学年　時刻に関わる数学的活動を通して，次の事項を身に付けることができるよう指導する。

　　ア　次のような知識及び技能を身に付けること。

　　　(ア)　日常生活の中で時刻を読むこと。

　　イ　次のような思考力，判断力，表現力等を身に付けること。

　　　(ア)　時刻の読み方を用いて，時刻と日常生活を関連付けること。

第２学年　時刻と時間に関わる数学的活動を通して，次の事項を身に付けることができるよう指導する。

　　ア　次のような知識及び技能を身に付けること。

　　　(ア)　日，時，分について知り，それらの関係を理解すること。

　　イ　次のような思考力，判断力，表現力等を身に付けること。

　　　(ア)　時間の単位に着目し，時刻や時間を日常生活に生かすこと。

第３学年　時刻と時間に関わる数学的活動を通して，次の事項を身に付けることができるように指導する。

　　ア　次のような知識及び技能を身に付けること。

　　　(ア)　秒について知ること。

　　　(イ)　日常生活に必要な時刻や時間を求めること。

イ　次のような思考力，判断力，表現力等を身に付けること。
　　㈦　時間の単位に着目し，時刻や時間の求め方について考察し，日常生活に生かすこと。

■時刻の読み方■

　時計の目盛の読み方は，短針と長針の位置を基に，それぞれの針が示す数と時刻を表す数との対応を理解することである。つまり，短針を見て何時かをよみとり，長針で分をよみとる。このとき，長針の1目盛が1分であり，1，2，3などの数字に対応する目盛を，5，10，15（分）とよむことができるように指導する。また，時計の短針と長針が連動していることの理解や児童の学校生活や家庭生活で適切に用い，時刻への関心を高めていくことが大切である。

■時間の単位と関係■

　時刻と時間の区別を明確にするため，時刻を数直線上の点として印して表現する。そして，「1時間＝60分」，午前，午後，「1日＝24時間」の単位を指導する。

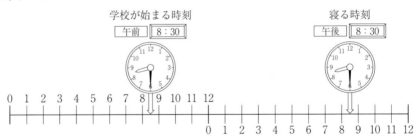

■時刻と時間の求め方■

　次のような時刻と時間の計算ができることである。
①　ある時刻から一定時間後あるいは一定時間前の時刻を求める。
②　2つの時刻の間の時間を求める。
③　時間のたし算，引き算の計算。

（佐々木徹郎）

§4 単位

単位とは，ある量の大きさを数で表すときに用いる，基準とする大きさである。量の大きさは，単位のいくつ分（何倍）に当たるかで表すことができる。例えば，5 m の長さは，1 m という単位の5つ分の大きさであり，$\frac{2}{3}$ kg の重さは，1 kg という単位の $\frac{2}{3}$ 倍の大きさである。

■基本単位，組立単位とメートル法■

基本単位とは，基本的な量に対して定められた単位である。また，組立単位とは，基本単位の組み合わせで作られた単位である。小学校で扱う基本単位は，長さ，重さ，時間などであり，組立単位には，長さの単位から導かれる面積・体積の単位，長さの単位と時間の単位から導かれる速さの単位などがある。例えば，組立単位である面積の単位（平方メートル：m^2）は，1辺が単位の長さ（1 m）である正方形の面積であり，長さの単位（m）をかけて作られている。

基本単位と組立単位で1つの単位系がつくられる。日本はメートル法の単位系を採択している。メートル法は10進法に従っており，単位の前につける「接頭語」が決められている。小学校では，以下のような接頭語を学習する。

キロ（1000倍），ヘクト（100倍），デカ（10倍），
デシ（$\frac{1}{10}$），センチ（$\frac{1}{100}$），ミリ（$\frac{1}{1000}$）

例えば，長さに対して，キロメートル（km），センチメートル（cm），ミリメートル（mm）といったように接頭語を付けて表す。これによって，1 cm は 1 m を100等分した長さであるといったように，名称から判断できる。

■普遍単位と任意単位■

上で述べたメートル法は，世界中で採用されており，どこに行っても使える共通の単位である。このような共通の必要性から定められた単位を，普遍単位と呼ぶ。一方，ある適当な大きさを単位として，便宜的に使うことによっても，量の大きさを表すことはできる。このような単位を任意単位（§1

も参照）と呼ぶ。

■単位の選択と量感■

　身の回りのものの大きさを表したり，比べたりするときには，適切な単位を選択し，用いることが大切である。例えば，教室のおよその大きさを知りたいときに，「cm^2」を単位にしてしまうと，数値が大きくなりすぎて，大きさが掴み難い。しかし，「m^2」を単位として使えば，だいたいどのくらいの大きさであるかが把握しやすくなる。

　このように，単位の選択には，実感を持って量の大きさを捉えたり，見積もったりできることが関わっている。具体物の大きさを調べたり確かめたりして，以下のような量の大きさの感覚を豊かにすることが大切である。

・「1 m はこのくらいの長さ」と手を広げて示したり，「1 kg はだいたいランドセルくらいの重さ」と適当なものに結びつけたりして，基本的な単位の大きさについて，およその大きさが示せる。
・「このえんぴつは 15cm くらい」のように，身近なものをみて大きさの見当づけができる。
・「この部屋の天井までの高さは，そこに立っている A さんの身長の 2 つ分くらいなので，だいたい 3 m」のように，身近な具体物を基にして量の大きさを示すことができる。

■単位の関係の考察■

　メートル法は，10 進法による接頭語を付けて単位を作っている点が，特徴の 1 つである。それぞれの量の単位や測定の指導では，単位の関係を取り扱い，同じ仕組みに基づいて単位が作られていることに気づいていくようにすることが大切である。例えば，mm，cm，m，km において，接頭語の m，c，k は「1 m」の $\frac{1}{1000}$，$\frac{1}{100}$，1000 倍を表し，mL，dL，kL においても m，d，k は「1 L」の $\frac{1}{1000}$，$\frac{1}{10}$，1000 倍を表す。長さとかさの単位の共通点を捉えることで，それぞれの大きさが把握しやすくなる。

　このように，異なる量の単位同士について統合的な扱いを適宜することで，単位の間の関係の理解を深めていく。

§5 「変化と関係」指導のねらい

　学習指導要領（平成29年告示）では，第4学年から第6学年において「変化と関係」という領域が新しく位置づけられた。この領域のねらいは，身のまわりや数学の事象について，事象の変化や数量の関係を把握し，それらを問題の解決に利用する資質・能力を育成することである。

■伴って変わる2つの数量の変化や対応の特徴の考察■

　事象の変化を捉え，問題解決に生かす資質・能力の中核となるのは，関数の考えである（§6も参照のこと）。関数の考えの特徴は，ある数量を調べようとするときに，それと関係のある数量を見いだし，両者の間にある関係を把握して，調べたい数量について解答を得ていくところにある。関数の考えによる問題解決は，次のような過程をたどる。

① ある場面での数量や図形についての事柄が，他のどんな事柄と関係するかに着目する。
② 2つの事柄の変化や対応の特徴を調べる。
③ ②で見いだした変化や対応の特徴を，問題の解決に活用する。

　①では，ある数量の大きさを知りたいが，その数量を直接調べることが難しい場合などに，何か他の関係する数量に置き換えて調べられないかと考えていく。その際，「ある数量が変化すると他の数量も変化するかどうか」，「ある数量が決まれば他の数量も決まるかどうか」などの関係に着目する。

　②では，表や式，グラフで数量の関係を表現したり，表現されたものを読み取ったりすることを通して，変化や対応の特徴を見いだす。学習が進むにつれ，目的に応じて表や式，グラフの中から適切なものを選んだり，複数を関連づけたりして，特徴を考察できるようにしていく。

　③では，見いだした特徴を用いて，問題を解決したり，日常生活に生かしたりする。用いた特徴や得た結果を，目的に照らして見直し，より適したものに改良することもある。

■ 2つの数量の関係どうしの割合を用いた考察 ■

　変化と関係の領域では，割合（§8）や比（§10）に関わる資質・能力も育成する。割合や単位量あたりの大きさ（§9），比などは，様々な事象における2つの数量の関係について，それらの数量の間に成り立つ比例関係を前提として，乗法的な関係に着目することで得られる概念である。

　例えば，「シュートのうまさ」を，「シュートした数」と「入った数」の関係で捉える場合，全体の中で部分が占める大きさの関係どうしを比べることになる。そこでは，割合に着目する。

　割合に着目して比べるときは，個々の数量そのものではなく，比例関係にある異なる数量をすべて含めて，同じ関係としてみていく。「シュートのうまさ」で言うと，例えば0.4の割合で入る「うまさ」は，10回中4回入る，20回中8回入る，15回中6回入る場合などをすべて「同じうまさ」という関係でみていることを表している。

　従って，A君が10回中4回入り，B君が15回中9回入ったときの「シュートのうまさ」を比べるとき，A君と「同じうまさ」（0.4）である入り方を挙げると，15回中6回入る場合もそこに入るため，15回中9回入ったうまさ（0.6）であるB君の方がうまいことが分かる。

　このように，2つの数量の関係どうしを，割合を用いて考察する上では，次の3つの過程が含まれる。

① 日常の事象において，割合でみてよいかを判断し，一方を基準量としたときに，他方の数量である比較量がどれだけに相当するかという数量の関係に着目する。

② 図や式を用いて数量の関係を表したり，表された関係を読み取ったりし，割合や比を用いて，2つの数量の関係と別の2つの数量の関係を比べる。

③ ②において割合や比で比べた結果を，日常生活での問題の解決に生かす。

　なお，第4学年では，「簡単な割合」が新設された。ここでは，特に，基準量を1とみたときに，比較量が，基準量に対する割合として2，3，4などの整数で表される場合について扱う。

§6 変わり方

伴って変わる2つの数量があって,一方の値を決めると他方の値がただ1つ決まるという関係があるとき,後者は前者の関数であるという。また,その2つの数量の間には関数関係があるという。小学校では,関数についての知識や技能そのものを指導することにねらいがあるのではない。数量や図形について取り扱う際に,それらの変化や対応の規則性に着目して問題を解決していく考え,すなわち関数の考えを伸ばしていくことにねらいがある。

低学年のうちから,子どもは,2つの数量について,その変化や対応の様子に着目してきている。4年の数量関係の学習においては,身の回りの事象の中から伴って変わる2つの数量を見いだし,それらの数量の間の関係を表やグラフなどに表して考察する。5年から6年にかけては,伴って変わる2つの数量の関係として,比例について学習し,数量の関係について考察する力をさらに伸ばしていく。

■関数の考え■

関数の考えを伸ばしていくために配慮したい事柄を,次の問題の解決を例として考えてみる。

> マッチ棒を使って図のように正方形を横に並べた形を作ります。正方形を横に50個並べた形を作るとき,マッチ棒は全部で何本必要ですか。
>
>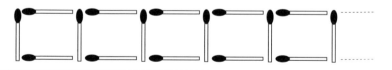

① ある場面での数量や図形についての事柄が,他のどんな事柄と関係しそうかに着目する。「正方形の個数はマッチ棒の本数と関係がありそうだ。正方形の個数が決まればマッチ棒の本数も決まる。」など

② 2つの事柄の変化や対応の特徴を調べていく。「正方形が1つのときは

マッチ棒は4本。2つだとマッチ棒は7本（4＋3）。3つだと10本（4＋3＋3）になる。正方形の個数が1増えるとマッチ棒は3本増える。」
③ ②のようにして見いだした変化や対応の規則性を，問題解決に生かしていく。「正方形の個数が4だとマッチ棒の数は4＋3＋3＋3＝4＋3×3，5だと4＋3×4になっていくので，正方形の個数が50の場合は，マッチ棒の数は4＋3×49になる。つまり，151本である。」

■**表・グラフ・式**■

　数量関係を表す方法としての表，グラフ，式について触れておこう。表は，有限個の数値についての対応や変化が表されるというよさがある。例えば，「長さが1cmのマッチ棒20本で長方形を作る」という活動において，出来上がった長方形の縦と横の長さの関係に着目すると，次のような表になる。

縦の長さ	1	2	3	4	5	6	7	8	9
横の長さ	9	8	7	6	5	4	3	2	1

ここからは，「縦と横の長さの和はつねに10である」「縦の長さが1増えれば横の長さが1減る」といった2つの数量の間の規則が見いだされる。
　グラフは，対応する値そのものが1つの点としてはっきり表され，しかも無限個のサンプルを表すことができる。表と違って視覚的に訴えることができ，値の対応する様子や変化の特徴が一目で分かるというよさがある。
　式は，対応のきまりを示しているとみることができる。式は，手続きを示していて分かりやすく，代数的な変形ができるというよさがある反面，数量の変化をそこから読み取るのは難しい。また，すべての関数関係が式で表されるわけではない。小学校では，A＋B＝C，A×B＝Cなど，加法・減法・乗法・除法の式で表される簡単なものが扱われている。例えば，（速さ）×（かかった時間）＝（進んだ距離）は，A×B＝Cの形である。Aが一定のときには，BとCの対応のきまりを示している。そこからは，Bが2倍，3倍になると，Cも2倍，3倍になること，また，Bが1だけ増すと，Cは一定の値（A）だけ増すことなどの数量の関係を読み取ることができる。

§7 比例・反比例

　2つの数量A，Bがあって，Aの値が2倍，3倍，…と変化するのに伴って，それに対応するBの値も2倍，3倍，…と変化し，Aの値が$\frac{1}{2}$，$\frac{1}{3}$，…と変化するのに伴って，それに対応するBの値も$\frac{1}{2}$，$\frac{1}{3}$，…と変化するときに，BはAに比例（正比例ともいう）するという。また，2つの数量A，Bがあって，Aの値が2倍，3倍，…と変化するのに伴って，それに対応するBの値は$\frac{1}{2}$，$\frac{1}{3}$，…と変化し，Aの値が$\frac{1}{2}$，$\frac{1}{3}$，…と変化するのに伴って，それに対応するBの値は2倍，3倍，…と変化するときに，BはAに反比例するという。反比例は，比例関係という概念で統合的に捉えると，比例との対比を通して，その特徴がよりいっそう理解しやすくなる。

■比例の意味■

　毎分5Lで水を容器に注いでいく際の時間（A）と水の量（B）との関係を例に，比例の意味を示しておこう。この関係を表で表すと次のようになる。

A（分）	0.5	1	1.5	2	2.5	3
B（L）	2.5	5	7.5	10	12.5	15

① 時間が2倍，3倍，…となると水の量も2倍，3倍となり，時間が$\frac{1}{2}$，$\frac{1}{3}$，…となると水の量も$\frac{1}{2}$，$\frac{1}{3}$，…となる。

② 2つの数量において，一方の数量の2つの値の割合が，それと対応する他方の数量の2つの値の割合といつでも等しくなっている。例えば，時間が1.5分から2分に増えたとき，$2 \div 1.5 = \frac{4}{3}$ より，時間は$\frac{4}{3}$倍に増えている。そのとき，水の量は7.5Lから10Lに増えている。$10 \div 7.5 = \frac{4}{3}$ より，水の量も$\frac{4}{3}$倍に増えていることが分かる。

③ 2つの数量の対応している値の商に着目すると，それがどこも一定になっている。①と②が，AとBのそれぞれの数量についての変化の割合を捉えているのに対して，③は，AとBの対応する値の関係に目を付けたもの

である。前ページの表では，Bの値（L）÷Aの値（分）を計算すると，$2.5 ÷ 0.5 = 5$，$5 ÷ 1 = 5$，$7.5 ÷ 1.5 = 5$，$10 ÷ 2 = 5$，…と，どれも商が一定（5）になっている。これは，水の溜まる速度が分速5Lで一定であることを示している。

■**比例・反比例の式とグラフ**■

比例している2つの数量 x, y は，「$y = $（きまった数）$× x$」という式で表すことができる。上の例では，時間Aと水の量Bの関係は，$B = 5 × A$と表される。一方，反比例している2つの数量 x, y は，「$x × y = $（きまった数）」という式で表すことができる。比例の式は，「$y ÷ x = $（きまった数）」とも表せるので，比例は商が一定，反比例は積が一定のように特徴づけられる。また，反比例の式は，「$y = $（きまった数）$÷ x$」とも表すことができ，比例の式の形（$y = $（きまった数）$× x$）と対比的に捉えることもできる。

一般に，比例の関係を表すグラフは，原点を通る直線として表される。これは，比例の関係を見分けたりするときに用いられる重要な性質である。指導にあたっては，伴って変わる様々な2つの数量の関係をグラフに表すなどの活動を通して，比例する2つの数量について，そのグラフが直線に並ぶことを，具体的な数量に即して理解できるように指導することが重要である。一方，反比例のグラフは滑らかな曲線となる。しかし，小学校での扱いは，折れ線グラフを用いて，2つの数量の変化が，一方が増えると他方が減っていること，減り方は単純に直線的に減少しているわけではないことに気づかせる程度である。中学校において，対応点をより多く取り，グラフが滑らかな曲線になることを扱うので，小学校ではその素地を養うこととなる。

■**比例関係の利用**■

指導においては，比例関係を問題の解決に利用するなどして，関数の考えを深めることが大切である。日常生活では，きちんと比例の式を作って計算するまではいかなくても，比例関係にありそうなものを探し，数量の見当づけをするときに使うことが多い。そのような場面や使い方を調べたり，意識したりすることも大切である。

（日野圭子）

§8 割合

　日常生活では,「割合」といっても, 大きさの差で比べていることがある。実際,「割合広い」「割合大きい」などは差である。しかし, 商で比べなければならない場合がある。全体を「ならして比べる」ときである。これが, 本来の割合であり, 倍の考えがその基礎になっている。また, 割合は, 同種量の割合をさしていることが多い。輪投げやシュートのうまさ, 野球の打率などの「確からしさ」などが割合を使って表される。

■割合の例題■

> 　8回シュートして6回ゴールに成功したA君と, 10回シュートして7回ゴールに成功したB君とでは, どちらがシュートがうまいといえるでしょうか。

　ゴールの回数だけを見れば, B君の方が1回多く成功しているし, 差で考えれば, A君は2回失敗し, B君は3回失敗したことになり, A君の方が失敗が少ない。つまり, シュートした回数が違うので, 差を考えたのでは判定できない。
　そこで, シュートの回数をならして, 同じにしたい。しかし, シュートの実演はしないので, 形式的操作として, 仮にシュートを続けたらどうなるかを考える。そこで, ゴールの回数がシュートの回数の何倍かをみると, A君は $6 \div 8 = \frac{6}{8}$, B君は $7 \div 10 = \frac{7}{10}$ である。このことから, 仮に, A君が40回シュートしたとすると, 30回ゴールすることになり, B君は40回のシュートでは28回となる。80回のシュートでは, A君60回, B君56回, 100回のシュートではA君75回, B君70回と推定される。
　さらに, A君 $6 \div 8 = 0.75$, B君 $7 \div 10 = 0.7$ となるので, A君の方がうまいと判断できるのである。このように, 量が何倍になるかという関係が割合なのである。「割合＝くらべる量÷もとにする量」とまとめられる。

Ⅳ 「測定，変化と関係」の内容　97

■百分率■

割合の計算では，基準とする量を1として小数や分数を使う。しかし，日常生活では，割合を整数で表現するために，基準量を100として，割合を表すことが多い。これが，百分率（パーセント）であり，％をつけて書く。つまり，0.01を1％と表す。

この他に，0.1を1割と表し，0.01を1分（ぶ），0.001を1厘（りん）とする歩合がある。百分率や歩合は，商品の割引広告や天気予報，野球の打率など，日常生活の様々な場面で使われている。

■割合の3用法■

割合の3用法は，整数の乗法や除法から小数・分数の乗法・除法へと意味を拡張したものである。一般に，乗法では整数「倍」から割合の第2用法へ，除法では「包含除」から割合の第1用法へ，「等分除」から割合の第3用法への意味の拡張になる。

つまり，乗法・除法を2つの量とそれらの割合という3つの要素の間の関係として，捉えるのである。まず，くらべる量（「比較量」，「全体量（全体だから1などと誤らないように使うこと）」，「割合に当たる量」などともよぶ）をAとし，もとにする量（「基準量」「単位量」「1とする量」ともいう）をBとして，割合をPとすると，次のような3つのパターンがある。

① **割合の第1用法**　$P = A \div B$　割合を求める計算で，「包含除」の拡張になっている。第5学年では次のような問題である。

「バスケットボールの試合で，20回シュートをして16回はいりました。シュートした数をもとにした，はいった数の割合を求めましょう。」

② **割合の第2用法**　$A = B \times P$　くらべる量を求める計算で，「倍」の拡張。「運動クラブの定員は20人です。希望者は定員の1.2倍だったそうです。希望者は何人でしたか。」

③ **割合の第3用法**　$B = A \div P$　もとにする量を求める計算で，「等分除」の拡張。この用法が難しい。「定価の3割引で売っている手ぶくろがあり，630円で買いました。定価はいくらだったでしょう。」

§9 単位量当たりの大きさ

　速さのように，2つの量の割合で表現される量がある。第5学年では，異種の2つの量の割合として捉えられる大きさについて学ぶ。混み具合などの密度も，このような大きさであり，単位量当たりの大きさとよんでいる。

■単位量当たりの考え方■

　いくつかの数量をならしたときの大きさを，それらの数量の平均という。このような「ならす」という考え方は，単位量当たりの大きさや割合の考え方の基本となっている。混み具合は，単位量当たりの大きさの例であり，一般に人口密度といわれる。これらは，「単位量当たりの考え方」としてよく活用されている。

　例えば，右の表のような数のたたみを敷いた広さの部屋に，子どもが割り当てられたとする。どの部屋が混んでいるかを考えてみよう。B室よりもA室が混んでいるのは，同じ広さの部屋で人数が2人多いことから分かる。BよりもC混んでいることは，たたみの数が2枚少ないことから分かる。

	たたみの数	人数
A室	10枚	8人
B室	10枚	6人
C室	8枚	6人

　では，A室とC室ではどちらが混んでいるかということになる。児童は，これまでと同様に「差」で比べようとする。つまり，1人が1枚のたたみに寝たとして，余るたたみの数で比べるのである。A室では2枚，C室では2枚で，余りは同じである。そこで，混み具合も同じという。ここで，注目しなければならないのは，その余ったたたみである。例えば，そこに荷物を置くことにして，2枚のたたみも分けることにする。すると，A室では2÷8＝0.25，合わせて1人1.25枚，B室では2÷6＝0.33，合わせて1人1.33枚となる。つまり，1人あたりのたたみの枚数は，A室10÷8＝1.25枚，C室8÷6＝1.33枚となり，A室の方が混んでいることになる。このように，「な

らす」という「単位量当たりの考え方」が分かる指導が重要である。

■速さ■

　速さは，単位量当たりの大きさとして代表的なものであり，道のり（距離）と時間という2つの異種量の割合で表される。速さは，単位時間に走る道のりで表現する。つまり，「速さ＝道のり÷時間」である。さらに，仕事の分量とそれを終えるためにかかる時間との割合である「仕事の速さ」等がある。

　児童は，追い越した方が速いという「追い越しの直観」として，速度に対する感覚はもっている。これを測定するために，時間と距離の2つの量から，単位量を決めて速さを捉えるには，次の2つの方法がある。

① 一定距離を移動するときにかかる時間を測定する方法

　これは，速さを単位距離当たりにかかる時間，つまり「時間÷道のり」で表すことになる。その意味では，「遅度」というべきかも知れない。遅度を，このように決めたら「遅度計」はどうなるかなど，架空の世界で算数をしても楽しい。

② 一定時間に移動した距離を測定する方法

　これが，時速，分速，時速へとつながる。速いほど大きな数値が対応するので，まさに速度である。「道のり＝速さ×時間」「時間＝道のり÷速さ」という式が導ける。大人が1分間に歩く道のりは約80mといわれているので，時速4.8kmである。

■平均の速さ■

　「ある地点までの往復で，行きは時速4kmで歩き，時速6kmで帰ってきたときの平均の速さは時速何kmか」という問題がある。正解は，時速5kmではない。仮に12kmの道のりとして，往復に5時間かかることになる。計算すれば，時速4.8kmとなる。平均の速さとは，一定の速さで往復して，同時に到着するための速さのことである。これは，高等学校で学ぶ「調和平均」である。

（佐々木徹郎）

§10 比

　2つの数量AとBの割合を表すときに，大きく分けて，AとBのどちらか一方を基準として表す場合と，2つの数量の共通な量を基準にして表す場合とがある。前者は，例えばBを基準として，「AはBの3倍である」「AはBの$\frac{3}{4}$」などと表す場合である。後者は，比の表し方と呼ばれるものである。これは，例えば，3dLと4dLを「3と4の割合になっている」というように，2つの数の組で表す方法である。このとき，2つの量の割合を，「：」の記号を用いて「3：4」と表現し，「3対4」と読む。このように，2つの数の組を用いて表された割合を比という。

　比は，日常生活のいろいろな場面で用いられる。しかし，子どもの中には，文章表現やことばに慣れずに混乱したり，難しいものと決めてしまっている者も少なくない。指導にあたっては，表現や計算手続きばかりを強調するのではなく，日常生活の中から比が用いられる事象を探したり，それを活用して物事を処理したりする活動も適宜行っていきたい。

■比の値■

　比A：Bの前項Aを後項Bで割った商$\frac{A}{B}$を比の値という。例えば，3：4の比の値は，3÷4の商であるので$\frac{3}{4}$である。したがって，比の値では，後項Bをもとにしたときに，前項Aがその何倍にあたるかが表されている。比の値は，次に述べるように，「比の相等」を考える上で使われている。

■比の相等■

　2つの比において，比の値が同じ数になるとき，それらの比は等しいという。例えば，3：4の比の値は$\frac{3}{4}$であり，6：8の比の値も$\frac{3}{4}$であるので，これら2つの比は等しく，「3：4 = 6：8」と表す。

　このことを，右のような図で考えて説明

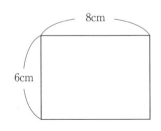

することもできる。つまり，縦6cm，横8cmの長方形について，縦と横の長さの割合を，1cmを単位にして比で表すと6：8となる。同じ長方形の縦と横の長さの割合を，2cmを単位にして比で表すと3：4となる。6：8と3：4の2つの比は，どちらも，同じ長方形の縦と横の長さの割合を表しているのである。

このように，比3：4は，3と4に対して同じとみられる関係の全体を示している。したがって，3：4を単に3と4の組と考え，6と8の組とは別のものとしてみている間は，まだ十分ではない。たとえ等号を使って形式的に表すことができたとしても，比やその相当関係の意味が十分に理解されているとはいえない子どもがいることにも留意したい。

■活用問題事例（比例配分）■

比例配分とは，ある量を決められた比に分けることである。比例配分は，日常生活でよく行われており，比を活用する場面の1つとして取り上げることができる。例えば，「A駅で，タクシーに2人で乗り込んだが，1人は途中のB地点で降り，残りの1人はC地点まで乗る」場合に，タクシーの料金（例えば4500円）を2人の間でどのように配分すればよいかという問題は日常でも起こる。B地点がAからCまでの道のりのちょうど半分であれば，4500円を1：2に比例配分して，1人は1500円，1人は3000円と考えることができよう。しかし，現実には，基本料金と加算料金，かかった時間などの問題も生じてくるであろう。このように，様々な配分が場合に応じて考えられることを取り上げながら，比例配分することの特徴やメリット，デメリットを考えることも，活用力を育てるためには大切である。

■中学校へのつながり■

比は中学校においても重要な位置を占めている。A：Bで表される数の組の全体は，原点と（A，B）を通る1つの直線上の点として表される。この直線は，原点を通るので，傾きが決まれば1つに定まる。ここで，直線の傾き $\frac{B}{A}$ は，比の値の逆数となっている。つまり，比の値は，直線の傾きをpとすると $\frac{1}{p}$ を表す数として，その直線を決定する。

（日野圭子）

　「データの活用」の内容

§1　「データの活用」指導のねらいと目指す資質・能力

■データの活用（統計）の指導のねらい■

　統計が溢れる現代社会では，数量に関する様々なデータを目的に応じて収集し，それを分類整理し，表現していく力が益々重要になってくる。また，統計は，算数だけでなく，他教科や，総合的な学習の時間等でも統計グラフを中心に広く用いられる。これらのことから，グラフや表を書いたり代表値を求めたりする知識・技能だけでなく，表・グラフ・統計量の中から目的に応じて適切に選んだり，選んだ表・グラフ・統計量から必要な情報を読み取って的確な判断をしたりする力をつける必要がある。また，他者や自分が統計データを収集して表やグラフを作って考察した際，そのプロセスが妥当かどうか検証できる力も身に付けるようにしたい。

■この領域で育成を目指す資質・能力■

① 統計的な問題解決活動

　目的に応じてデータを収集，分類整理し，結果を適切に表現するという統計的な問題解決活動が大切である。この統計的な問題解決活動とは，「問題-計画-データ-分析-結論」という段階からなる統計的探究プロセスと呼ばれるものである。

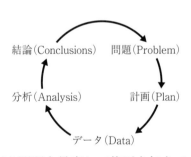

　これら一連のプロセスは，計画を立てながら問題を見直して修正を加えてみたり，グラフを作り直して分析したり，ときにはデータを集め直したり，相互に関連し，行き来しながら進むものである。このように，グラフに表す・読む，統計量を計算することだけでなく，児童にとって必要感のある統計的な問題解決活動を行い，その活動を通じて手法そのものや統計の必要

性・有用性を学んでいくことが大切である。

② 多面的・批判的に考察すること

統計的な問題解決では，結果が定まっていない不確定な事象を扱うので，同じデータであっても用いる表・グラフ・統計量などによって解釈や結論が異なったり，立場によって結論が異なったりすることがある。したがって，自分や他者が行った問題設定や集めたデータ，表やグラフを用いた分析の仕方などの問題解決の過程や結論について，多面的に捉え直して妥当性について批判的に考察することが大切である。

■統計的な問題解決活動と多面的・批判的に考察することの関係■

以下の表のように，統計的な問題解決のそれぞれの相に対応して批判的思考が働くことが大切である。教師から意図的な補助発問等を行うことによって，児童が多面的に考え，批判的思考が働くように支援したい。

統計的問題解決の相		批判的思考の働き（例）	
		「妥当かどうか」「誤りはないか」探す・解釈する・指摘する	代案を提案する
問題 (Problem)	問題を把握して，統計的に解決が可能な課題を設定する。	・課題の設定方法は正しいか。	・課題の設定方法を見直す。
計画 (Plan)	課題を解決するために必要なデータを収集する方法を考える。	・収集する方法は妥当であり，信頼性があるか。	・収集する方法を見直す。
データ (Data)	データを収集する。収集したデータの中に無答や無意味だったり誤ったりしたデータがある場合は課題に照らしてそれらのデータを除く（データのクリーニング）。	・データの収集は的確に行われたか。 ・課題に照らして除いたほうがよいデータはないか。	・観察・実験・測定方法を修正する。 ・無答や無意味だったり誤ったりしたデータを取り除く。
分析 (Analysis)	統計グラフを作成したり，範囲や代表値（平均値，中央値，最頻値）等を求めたりした上で，分析する。	・選択した図表やグラフの軸の設定は，各グラフの特徴や課題解決に照らして妥当か。 ・代表値の選択や計算は妥当か。	・図表を修正する。 ・代表値を選択し直す。 ・計算を修正する。
結論 (Conclusions)	分析した結果から結論を出す。さらなる課題や活動全体の改善点を見いだす。	・グラフや代表値などから導かれた結論は妥当か。	・結論を修正する。

§2 統計データの種類・データをまとめる表

■統計データの種類■

統計データには様々なタイプがある。性別や血液型など文字情報として得られるデータを質的データという。身長やハンドボール投げの記録のような数値情報として得られるデータを量的データという。なお，プロ野球の背番号は数のデータであるが，選手を区別するだけで順序に意味はないので質的データになる。

質的データは棒グラフ，帯グラフ，円グラフなどにすることができ，量的データは折れ線グラフ，ドットプロット，柱状グラフ（ヒストグラム）などにすることができる。このように，データの種類によって分類整理の仕方や用いるグラフが異なる。

■1次元表■

1次元表（1年）は，質的データを1つの観点で整理するときに使われる表である（右表）。このとき，「正の字」（3年）で数え上げることがある（画線法という）。海外では，データを整理するときに，正の字と同様に ⑤丿丿丿丿 （ターリー Tally）を使うことがある。誤りを防ぐた

1組のはたけでとれたやさい

	人数（人）	
トマト	正下	8
きゅうり	正一	6
なす	下	3
かぼちゃ	丁	2
合計		19

めに，データを順に読み上げる人と正の字を書く人のペアで行うこと，合計欄と元のデータの個数とが一致するかどうかを確認することが大切である。

■2次元表■

2次元表（3年）は，2つの観点から整理したものである（次ページ）。「クラス間の比較」のように，層間の比較をするのに適している。振り返りを兼ねて1次元表から導入し，よりよい表現方法を考えさせる中で，児童から2次元表の考え方（九九表や時間割表など）を引き出すような授業展開が望ましい。

V 「データの活用」の内容　105

すきなきゅう食（人）

1組	
カレー	11
あげパン	6
やきそば	5
うどん	4
その他	3
合計	29

すきなきゅう食（人）

2組	
カレー	9
あげパン	7
やきそば	8
うどん	3
その他	2
合計	29

すきなきゅう食（人）

3組	
カレー	8
あげパン	5
やきそば	9
うどん	4
その他	3
合計	29

→

すきなきゅう食（人）

しゅるい＼組	1組	2組	3組
カレー	11	9	8
あげパン	6	7	5
やきそば	5	8	9
うどん	4	3	4
その他	3	2	3
合計	29	29	29

　2次元表のうち，データを2つの観点から分類整理した表（右表：4年）を2×2分割表という。A，Bの2つの観点からみて，「性質をもっている」「もっていない」の4つの場合が考えられる。このように，2つの観点から，物事を分類整理したり，起こり得る場合を調べたり，落ちや重なりがないように考えたりすることが大切である。

飼っている動物調べ(人)

	ねこ○	ねこ×	合計
いぬ○	3	10	13
いぬ×	8	9	17
合計	11	19	30

■**度数分布表**■

　度数分布表（6年）は，量的データを整理するときに使われる表であり（右表），データの分布の様子を数量的に捉えやすくするために，数量をいくつかの区間に分けて，各区間に入る記録の数を対応させた表である。各区間を階級といい，区間の幅のことを階級の幅，階級の中央の値を階級値，各階級に入る記録の数を各階級の度数という。右表から，通学時間が15分以上25分未満の階級（階級値は20分）の度数は24人であることが分かる。このように，度数分布表から数量の分布の様子を的確に捉えることができるようにしたい。

A小学校6年生の通学時間

時間（分） 以上　　未満	度数（人）
5〜15	15
15〜25	24
25〜35	13
35〜45	2
合計	54

§3 統計データをまとめるグラフ1

■絵グラフ・○グラフ■

絵グラフ（1年）は，質的データの数量（度数）を絵で表現したグラフである（右図）。絵グラフにすると，資料を落ちや重なりなく数えることができ，視覚的に量や量の大小を判断できる。絵の大きさによって同じ2個でも高さが異なることが起こるので，一対一対応の考え方で高さを揃えることを意識づけることが大切である。データ数が多いときには，1つの絵で複数の数量を表すこともある。指導では，グラフをかく技能面だけでなく，グラフに表すと，大きさが比べやすくなり，どの数が最も多いかなどの特徴が読み取りやすくなることを，活動を通して実感させることが大切である。なお，絵グラフの絵の部分を○に置き換えたグラフ（2年）は，棒グラフ（3年）への橋渡しになっている。

1くみのはたけでとれたやさい

■棒グラフ■

棒グラフ（3年）は，質的データの数量（度数）を棒の長さで表現したグラフである。絵グラフよりもかく時間が少なくて済み，それぞれの変数間の大小や順位が視覚的に分かる。また，2次元表を用いて複数の棒グラフを組み合わせたグラフ（右図）から特徴や傾向を捉えることができるようにする。

なお，右図のように，縦軸の一部を省略すると，変数間の数量の差は変わらないのに棒の長さの差が大きくなるので，読み取る際に注意が必要である。

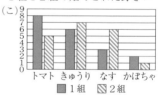

1組と2組の畑でとれた野さい

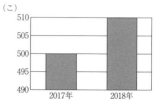

P社の商品Bの売上こ数

■折れ線グラフ■

折れ線グラフ（4年）は，時間とともにかわっていく量的データ（時系列データ）の変化の様子を示したいときに使う。また，2つの種類のグラフを組み合わせたもの（複数系列のグラフや組み合わせたグラフ：右図）から，特徴や傾向を捉えることができるようにする。

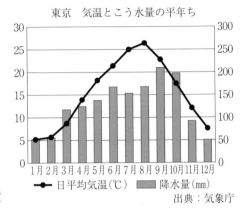

なお，棒グラフと同様，縦軸や横軸の目盛りの取り方を変えると，折れ線の傾きが変わって印象が異なるので注意が必要である。

■円グラフ・帯グラフ■

円グラフ（5年）は，質的データの数量全体を100として，各変数の割合ごとに円をおうぎ形に区切った図である（右図）。

帯グラフ（5年）は，質的データの数量全体を100として，各変数の割合を，区切られた長方形の面積で表す。帯グラフを並べると，割合の違いの様子が分かりやすくなる（右図）。しかし，インターネット利用で貸し出す割合は2017年より2018年の方が多いが，貸出冊数は減少しているので，インターネット利用で貸し出す冊数は2017年よりも2018年の方が

少ない。このように，各帯グラフの総計が異なる際に，割合が大きくても実際のデータの数は小さくなることがあるなど，見た目では比較ができない場合があるため，読み取る際には注意が必要である。

§4 統計データをまとめるグラフ2・代表値

■ドットプロット■

ドットプロット（6年）は，量的データを数直線の上にプロットして表現した図である（右図）。データの分布を視覚的に読み取ることができ，元のデータに戻ることが容易であることに気がつかせたい。

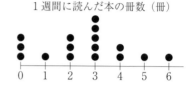

1週間に読んだ本の冊数（冊）

■柱状グラフ（ヒストグラム）■

柱状グラフ（ヒストグラム）（6年）は，量的データを度数分布表に整理した上で図に表したものである（右図）。ヒストグラムは面積（密度）に意味があるので，ふつう縦軸は省略せず，各軸の目盛りは等間隔にして，柱と柱との間を離さずにかく。ヒストグラムの形状からデータの分布の様子を読み取ることができる。

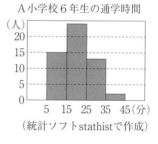

A小学校6年生の通学時間
（統計ソフトstathistで作成）

■適切なグラフを選択して判断すること■

集めたデータを分析する際，目的に応じて，これまでに学習してきている表やグラフから適切なものを選択して表し，データの特徴や傾向をつかみ，判断できる力を育成することが重要である。

■代表値■

① 平均値

平均値は，データの総和を総度数で割った値である。5年では，いくつかの数や量をならして，同じにしたときの大きさをそれらの数や量の平均と捉える「測定値の平均」を学ぶ。6年では，「代表値としての平均値」を学習する。なお，平均値を求める場合，0の値を含めるかどうかを検討する必要がある。たとえば，次の表のような立ち幅跳びの状況を平均値で捉えるとき，

この記録の背景（失敗ジャンプなのか，飛ぶのをパスしたのか，等）や目的によって，記録0cmを含めるかどうかは変わる。

飛んだ回数（回目）	1	2	3	4	5
記録（cm）	146	0	148	152	154

② **中央値**

中央値（6年）は，データを大きさの順に並べたときの中央にくる値である。データの数が奇数の場合は，大きさの順に並べたときに中央の値があるが，データの数が偶数の場合は，大きさの順に並べたときに中央の2つの値の平均値を中央値とする。

（例）清掃活動で各児童が拾った缶の個数
  ・データの数が奇数の場合　1班　0, 0, 1, $\boxed{2}$, 3, 6, 8　→　中央値は2個
  ・データの数が偶数の場合　2班　2, 3, $\boxed{4, 6}$, 9, 15　→　中央値は5($\frac{4+6}{2}$)個

③ **最頻値**

最頻値は，「もとの資料において最も多く出てくる値」（6年）と，「度数分布表で最も度数の多い階級の階級値」（中1）の2つの使い方がある。108ページの「1週間に読んだ本の冊数」では最頻値は3冊，「A小学校6年生の通学時間」では最頻値は20分となる。

■**分布の様子や目的にあった代表値の選択**■

データの分布が非対称であったり多峰性であったりする場合や，極端にかけ離れた値（はずれ値）があったりすると，平均値はデータが集中している付近からずれてしまうことがあり，そのような場合には代表値としてふさわしくない。このようなとき，中央値や最頻値を代表値として用いる。また，代表値を用いる目的から，平均値がふさわしくない場合もある。例えば，ある弁当屋が，来月にどのような値段の弁当を多く作るかを決める場合，今月に売れた弁当の価格の平均値の弁当を最も多く作るようなことはしない。この場合は，最も多く売り上げがあった弁当の価格，つまり最頻値を用いる方が適している。このように，代表値を用いる場合は，資料の特徴や代表値を用いる目的に応じて，使い分ける必要があることを指導する。　　（松元新一郎）

VI 新しい算数授業の実践

§1 問題解決

　算数における問題解決は多くの意味をもちながら，実践や研究が積み重ねられてきた。戦後20年間は文章題の解決に関するもの，それ以降は数学的な考え方に関するもの，そして昭和55年以降は問題解決能力の育成・問題解決ストラテジーに関するものが多く行われてきている。

　算数科学習指導要領で問題解決が「指導内容・目標」として明示されたのは，昭和33年告示までであった。それ以降は，数学的考え方や算数的活動の中に含まれたためと見なすことができる。一方，平成29年の目標では「(3)数学的活動の楽しさや数学のよさに気付き，学習を振り返ってよりよく問題解決しようとする態度，…」と再び問題解決が明示されるようになった。この問題解決は，現実と数学の世界を結び付ける過程をも重視するものである。

■外国からみた日本の問題解決■

　問題解決の意味は国によっても違っているが，これを端的に表す興味深い事例がある。中学校の事例であるが，算数でも特徴はほぼ同じと思われるのでここに紹介したい。平成7年にＩＥＡ国際数学・理科教育調査の付帯調査としてアメリカ・ドイツ・日本の数学授業のビデオ分析が行われた。日本は，数学の概念を理解させるために問題を解かせる過程を問題解決と呼んでおり，そのためにじっくり生徒に考えさせ，時には自分の解答の説明だけでなく他の生徒の解答も説明させている。一方，アメリカは問題を解くことが問題解決の最終目標であった。この点，日本は素晴らしい授業展開と絶賛された。一方で，日本の問題解決は数学の問題で始まり数学に戻るだけ，つまり生活や応用と結び付いていないことが批判された。

■問題解決の過程■

　問題解決の過程も様々に説明されるが，ここでは基本的なものとして

G.Polyaの問題解決の4段階をあげておこう。①問題を理解すること，②計画を立てること，③計画を実行すること，④振り返ってみること。

　問題解決は，まず問題を感じることから始まる。そもそもこの過程がなければ，問題解決とはいえない。そこで教師にとっては，問題を感じるような問題場面の工夫が必要になる。それには，この後のページで述べていく多様な考えを生かす指導，オープンエンドによる指導，問題の発展的な指導がわが国を代表する指導法としてあげられる。また，条件不足の問題，自分で資料を集める問題，試行錯誤的な体験をさせる問題などを提示することも大切である。

　授業においては，「問題の意味をつかむ，考えの見通しをたてる，自分の力で解決する，考えを共有する，解決の仕方や調べ方を振り返る」などの過程を取り入れたい。それは問題解決の全体的な流れを子どもがつかむことが算数の力になるからである。ただし形式的に型にあてはめることは避けたい。解決の際には，いくつかの具体例から共通項を見つけるなど「帰納的な考え」（例：いくつかの四角形の内角の和を測ったら，どれも360°）や既習の場面から推測するなど「演繹的な考え」（例：三角形の内角の和は180°，三角形が2つで四角形だからその内角の和は360°）を用い，根拠を明らかにしながら「筋道立てて考え」「表現する」能力を育成することが重要である。

　なお，国際化・情報化・科学技術の発展した社会を生きるために，算数の価値を日常との関係で意識させる問題場面も是非工夫したいものである。

■関心・意欲の喚起■

　問題解決で何より大切なのは，問題を解決した喜びが，算数へのさらなる関心・意欲を引き起こす力になることである。問題を解決したという充実感によって，算数がそれまでよりももっと楽しく，好きになることである。

　そこで問題を解決するにあたっては，じっくり一人で考える時間を保証し，作業的・体験的な活動を適宜取り入れ，必要に応じて電卓なども使いながら，多様な水準の考えの可能な問題を扱い，友達とのコミュニケーションや自分自身とのコミュニケーションをとれるようにしたいものである。

§2 多様な考えを生かす指導

多様な考えを生かす指導とは，後述するオープンエンドによる指導や問題の発展的な指導のような明確な定義はない。しかしおよそ次のように言うことができよう。「解決の方法が多様に考えられる問題を用いて子どもの能力や興味・関心という個人差や個性に応じるようにし，子どもが主体的に問題解決を進めることを支援する指導」である。

算数はその考え方の自由性に特徴があるにもかかわらず，時に，考え方も答えも1つで決まりきっていると誤解されることがある。このような誤解をなくすためにも，一人ひとりの子どもが自分なりに獲得した知識や技能をうまく表現する場を積極的に設定したいものである。

■解法の多様性■

解法の多様性の例をあげるために，次の問題例をあげる。

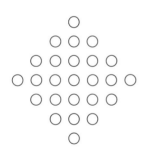

「おはじきが，下の図のようにならんでいます。ぜんぶで，いくつありますか。」この問題の答えは25個である。しかし，その答えに至る考え方は様々である。なお，この問題は平成元年に日米の数学的問題解決能力を比較するために，両国の小学校4年生に出題された問題であり，答えに至る考え方は，言語的表現・図的表現いずれにおいても大きく5種類の解法が見いだされた。その5つの言語的表現とは，①文章・数える（1こずつ数えるなど），②文章・加法（合わせるなど），③文章・乗法（たばにするなど），④式・加法（1＋3＋5＋7＋5＋3＋1など），⑤式・乗法（4×4＋3×3など）であった。図的表現とはA．一つ一つ数える，B．倍数に着目，C．方向に着目，D．形に着目，E．乗法構造をもった形への変容，であり，その例は次の図の通りである。

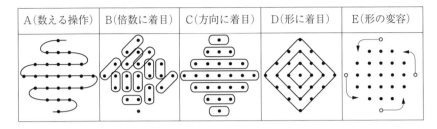

■個を生かす■

多様な考えを生かす指導においては，個を生かす場面は次の3つが考えられる。まず第1は，一人ひとりの子どもがじっくりと問題を解決する場面である。第2は，様々な水準の多様な解決を学級で取り上げ，それぞれの考えの違いやよさを認め合う場面である。第3は，そのような考えを共有することによって，自分では思いつかなかったさらによい算数の考えを知り，問題を解決する場面である。

■多様な考えの評価の重要性■

多様な考えを生かす指導は重要である。平成29年告示の算数科学習指導要領解説でも，台形の面積を求めるときに既習事項の平行四辺形や三角形などの面積の公式を活用することが大事であるとし，多様な図を示している。

また授業に加え，全国学力・学習状況調査問題にも多様な考えに関する出題がある（2015年算数A⑧）。○の個数の求め方として2つの図と式が示され，右の図の「+3」は図のどの○

を表しているかを問う問題である。算数科学習指導要領では，「思考力・判断力・表現力の育成」が強調されている。言葉や数，式，図などの表現を用いて考えたり説明したりする学習活動の充実とともに，多様な考えの評価も一層重要と思われる。

§3 オープンエンドによる指導

普通, 算数で扱う問題は, 正答が一通りに決まっている。これに対して, 正答がいく通りにも考えられる問題を, オープンエンドの問題と呼ぶ。

「オープンエンドの問題を用いて, 正答の多様性を積極的に利用することで授業を展開し, その過程で, 既習の知識・技能・考え方をいろいろに組み合わせて新しいことを発見していく経験を与えようとするやり方」をオープンエンドによる指導という。

■創造性の育成■

オープンエンドの問題は, 子どもの発見や着想を大切にする指導法である。多様な考えを生かす指導, 問題の発展的な指導も創造性の育成にかかわるが, 普通の算数の問題と比べて, その方法論的な違いは次のようになる。

A. 普通の算数の問題……………………問題, 解き方, 答が一通り。
B. 創造性の育成に関わる問題…………解き方, 答, 問題が多様。
  a. 多様な考えを生かす指導………様々な解き方・考え方がある。
  b. オープンエンドによる指導……様々な答えがある。
  c. 問題の発展的な指導……………様々な問題がつくれる。

■オープンエンドによる指導の開発の経緯と発展の状況■

オープンエンドによる指導は, わが国で昭和40年代に開発された。それは中学・高校生を対象に, 昭和39年に実施されたIEA第1回国際数学教育調査の結果, わが国の生徒は成績が良いほど数学は暗記である・発展性がないと捉えていたことが明らかになり, こういった態度を改善するため開発された指導法であった。すなわち, 創造性を育成することに主なねらいがあった。そして今日, オープンエンドによる指導は, 教科書に取り入れられたり, アメリカで翻訳が出版されたりと, わが国のみならず諸外国でも評価されている指導法である。

■**オープンエンドの問題の型**■
　オープンエンドの問題は次の3つに分類される。
① **関係や法則を発見する問題**（例：九九表のきまりを見つける）
　「九九表のもつ性質をできるだけたくさん見つけなさい。」
② **分類の問題**（例：立体の仲間分け）
　「くの立体のもつ特徴と同じ特徴をもつ仲間はどれですか。」

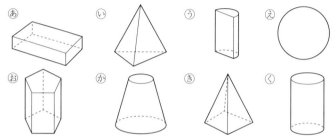

③ **数量化の問題**（例：おはじきのちらばりの問題）
　「3人でおはじき遊びをしたら，下図のようにちらばりました。ちらばりの程度を数で表すしかたをいくとおりも考えてください。」

　なお②においては，「側面の展開図が長方形になるものを選びなさい」などと問うのが普通の算数の問題であるが，そうすると単にこれまで学んだ知識をあてはめるだけの問題になってしまう。
　一方，オープンエンドにすると，側面が1つである，底面が2つある，底面と側面が垂直になっている，頂点がない，真上から見た形が円である，平行な面がある，真横から見た形は四角形，面が3つある，など様々な観点の答えが考えられ，知的好奇心を育てる機会となる。

■**オープンエンドの問題を利用した評価**■
　いくつ答えたかという量的な側面と，どんな種類のものを答えているかという質的な側面の2つで評価することができる。

§4 問題の発展的な指導

　問題の発展的な指導とは「ある問題をもとに，その問題の構成要素となっている部分を，類似なものやより一般的なもの等に置き換えたり，その問題の逆を考えたりすること等を通して，新しい問題をつくり，自ら解決しようとするような主体的学習活動」による指導である。すなわち，問題の一部を変えて新しい問題をつくる活動による指導をさす。「問題づくり」ともいう。

■問題をつくることのよさ■

　普段の授業では，子どもは問題を与えられそれを解くことが主であろう。しかし与えられた問題を子どもが自分の問題として受け取ることは稀である。自分で問題をつくることによって，子どもは問題を自分の問題とみなすことができ，またこれまで学んだ算数の考えや概念を総動員して考える場が与えられる。すなわち，自分の力に応じて学習に励むことができ，学習が能動的・創造的・発見的なものになるのである。

　小学校学習指導要領（平成29年告示）解説算数編では「数学的活動とは…，得られた結果を捉え直したり，新たな問題を見いだしたりして，統合的・発展的に考察を進めていくことが大切である」としている。つまり，問題づくりは，子どもが主体的に取り組む「数学的活動」ともいえるのである。

■国内外における問題づくりの指導■

　問題の発展的な指導は，昭和53年に開発が始まった。興味深いことに，諸外国でも同時期，「いかにして問題をつくるか―問題設定の技術―」という類似の指導法が開発された。これは what if not strategy と呼ばれ，問題の属性を「…でなかったらどうか」と否定することによって，問題をつくる点に特徴がある。

　なお，わが国では大正から昭和初期に作問指導が行われた。これは生活算術の立場に立ち，子どもの生活事実を記述した文から作問させるものであり，「問題から問題へ」と系列的に問題をつくることは重視してはいない。

■問題の発展的な指導の過程■

およそ次の指導過程をたどることになる。①最初の問題（原問題）を解決する。②その問題をもとに問題づくりをする。（発問例「はじめの問題をもとにして，その一部を変えて，別の問題をつくってみましょう。」「今解いた問題をもとにほかの問題をつくってみましょう。」）③つくった問題の発表と分類・整理。④つくった問題の解決。⑤まとめと発展。

■問題の発展的な指導の事例■

「たて2cm，よこ3cmの長方形があります。この長方形のたての長さをそのままにして，よこの長さを2倍にすると，面積はもとの長方形の何倍になるでしょう。」

（つくった問題の分類・整理例）
a．「たて2cm，よこ3cmの長方形」を変える。（長方形を平行四辺形，三角形，台形，直方体……に変える。たて，よこの長さを変える。）
b．「たての長さをそのままにして，よこの長さを2倍にする」を変える。（一方を固定し，他方を何倍かする。両辺を何倍かする。高さ，底辺，上底，下底を何倍かして，面積が何倍になるかを求める。）
c．「求めるもの（面積）」を変える。（体積が何倍になるかを求める。面積を変えないで一方を何倍かし，他方が何倍になるか求める，など。）

■多様な考えを生かす指導やオープンエンドによる指導との違い■

多様な考えを生かす指導やオープンエンドの指導は，多様な解法や考え方が促され，多様な答えが存在する問題の工夫が必要であり，問題の開発が非常に重要である。しかしそのような問題の開発は難しいこともある。一方，問題の発展的な指導は，「この問題のような問題をつくりましょう」という発問が重要であり，どんな算数の場面でも問題づくりが可能なのが長所である。

■問題の発展的な指導の評価■

子どもがいくつ問題をつくることができたかという量と，どのような観点の問題をつくることができたかという質の2つの面から評価できる。

§5 コンピュータの活用

　算数の内容をよりよく理解させようと工夫したり，算数の考えのよさや楽しさを味わわせる問題解決の授業を行おうとするときには，紙と鉛筆の授業だけでは十分ではない。子どもが数学的活動を十分に行えるよう，教師用の提示教具，子どもが自ら操作できる教具の一つとして，コンピュータの活用を考える。なお，コンピュータの活用とあわせて電卓の活用もみていくことにする。

■情報化対応■

　国際化，情報化，科学技術の発展を踏まえた新しい時代の教育のあり方が問われている。このような中にあって，情報を収集・判断する能力がますます必要とされる。実際のデータを扱うこと，その意味を考えることがこれまで以上に大切である。

■学習指導要領では■

　算数科学習指導要領に「コンピュータ」が明示されたのは平成10年告示からであり，平成29年告示では「数量や図形についての感覚を豊かにしたり，表やグラフを用いて表現する力を高めたりするなどのため，必要な場面においてコンピュータなどを適切に活用すること」となっている。また中央教育審議会答申を踏まえ，「児童の負担に配慮し，コンピュータを活用して正多角形の作図をするプログラミングを体験することができる」とし，プログラミング的思考と論理的思考力の関係について，述べている。

　「電卓」は昭和43年告示以降「計算器（機）」「電卓」と明示されてきたが，平成20年告示では明示がなく，平成29年告示ではコンピュータに含まれ，学習指導要領解説では，百分率（％）の計算で必要に応じて電卓を使うとされている。このように，複雑な実際のデータを扱ったり，数の感覚を豊かにし楽しく探求したりする活動には電卓を積極的に使いたいものである。

■世界の状況■

わが国は世界的にみて，コンピュータも電卓も利用がやや少ない。「国際数学・理科教育動向調査の2015年調査」によれば，小学校4年の算数の授業で「算数の概念や原理を発見する」「技能や手順を練習する」「アイデアや情報について調べる」ために「ほとんど毎回」コンピュータを使う割合は，わが国は1％，1％，1％であるが，ニュージーランドは17％，30％，13％と高かった。小学校4年の算数の授業で，電卓の使用を「いつでも許可」「ある条件のもとで許可」「許可しない」とする割合は，わが国は1％，60％，39％であるが，ニュージーランドは6％，82％，12％と電卓を使う割合が高かった。

■電卓の利用例■

2つだけ例をあげよう。「この電卓はこわれています。9と＋－×÷＝の6つのキーしか動きません。45になる式を書きましょう。」（数学的考え方や数の感覚を育成する），「三角形をかきましょう。その面積を求めましょう。」（測るという活動を重視）。

■コンピュータの利用例■

コンピュータの利用は様々であるが，まずグラフィック機能により，内容を視覚的に動的・静的に提示でき，子どもが試行錯誤的に操作しても，その変更が簡単であり，活動の履歴を見ることができることは利点である。「図形を組み合わせて絵を完成しましょう。」（図形の弁別やイメージ化）や「身の回りの資料をコンピュータを使って整理したり，グラフに表して特徴を調べましょう。」（合計，平均，統計的な見方・考え方の問題例）。

なお，教師がＩＣＴ（情報通信技術）を積極的に活用している国もある。インタラクティブ・ホワイトボードや大型の液晶画面に算数の問題提示をする。デジタル・コンテンツやデジタル教科書を使う。ネットからプリントアウトしたワークシートを児童に配布する。教科書会社から配信されるインターネット教材やＤＶＤによるデータを算数の授業で用いる，などである。この方面の発展が，わが国でも今後大いに期待される。

（瀬沼花子）

§6 指導計画の作成

45分の各授業は，指導計画に基づいてつくられている。指導計画には，「年間の指導計画」や「単元の指導計画」などがある。

指導計画をつくることには，
- ・見通しをもって計画的に指導することができる。
- ・指導の中での児童の反応に柔軟に対応できる。
- ・次に指導するときの改善に生かすことができる。

などの意義があり，単に形式的に作成しているものではない。

なお，指導計画の作成に当たっては，学習指導要領の「第3 指導計画の作成と内容の取扱い」をふまえることが大切である。指導計画の作成上の配慮事項として，小学校学習指導要領算数（平成29年告示）では，例えば次のようなことが強調されている。

- ・数学的活動を通して，児童の主体的・対話的で深い学びの実現を図る。
- ・第2の各学年の内容は，次の学年以降においても必要に応じて継続して指導する。
- ・単元など内容や時間のまとまりを見通して資質・能力が偏りなく育成されるよう計画的に指導する。

■年間の指導計画■

「年間の指導計画」は，その年度に指導する算数の授業について次のようなことを検討し，その計画をまとめたものである。

○学年の目標　○単元の配列と各単元の指導時数　○主な指導内容

これらを作成することは，1年間の算数の指導について，教師が指導目標や指導内容を確認する機会になるとともに，見通しをもって指導することができることにつながる。

「学年の目標」については，学習指導要領の「第2 各学年の目標及び内容」に示されている。この目標を確認した上で，それを達成するための指導

計画をつくることが大切である。

　なお，単元の配列や指導時数については，学校の年間行事予定や児童の実態などをふまえて計画する必要がある。

■単元の指導計画■

　「単元の指導計画」では，次のようなことをまとめる。

　〇単元の目標　〇単元の評価規準　〇単元の指導内容と指導時数

　『小学校学習指導要領解説算数編』などで関連する内容について確認した上で，使用する教科書をもとにして作成するとよい。

　作成に当たっては，次の①～③に留意したい。

① 教科書の内容やその意図を把握する。

　教科書の教師用指導書も活用しながら，単元全体の教科書の内容や意図を把握することが大切である。

　また，教科書比較も有効である。現在日本では，算数の教科書が6社から出版されている。各社の教科書を比較すると，単元の配列や指導時数などには様々なちがいがある。複数の教科書を参考にして，児童の実態をふまえた上で，よりよい指導計画を作成するようにしたい。

② 指導内容の系統をふまえる。

　算数は系統性の強い教科である。その単元の前後に指導する内容や，その単元に関連する既習内容をふまえる必要がある。また，その単元での指導内容がどのように発展するのかについてもおさえるようにする。

③ 他の指導計画を参考にする。

　①や②などを行った上で，さらに，

　・昨年度までの指導計画

　・教科書の教師用指導書に例示されている指導計画

　・研究会や地域で作成している指導計画

なども参考にするとよい。自分では気付かなかった点や改善した方がよい点もあるであろう。追加や修正をして，実際の指導に生きる指導計画を作成するようにしたい。

§7 学習指導案の作成

「学習指導案を作成しなければ授業はできないのか」と問われれば，「できない」と言い切ることはできない。しかし，45分間とりあえず授業をすることはできても，学習指導案なしに「よい授業」を行うことはできない。

学習指導案を作成する目的は，
　◎「よい授業」を行うため（本時の目標を達成し，子どもが考えることを楽しむ授業を実現する）
　◎「よりよい授業」を行うため（学習指導案に子どもの反応や反省点などをメモしておき，次の授業に生かす）

である。また，研究授業などの場合は，
　◎参観者のため（参観者に授業の意図や授業の流れを把握してもらう）

ということも作成の目的になる。

■本時の目標■

学習指導案のはじめに「本時の目標」を書くが，形式的に書いておけばよいというものではない。同じ内容を指導するとしても，何を「本時の目標」にするかによって，指導の流れや指導方法が異なるからである。

『小学校学習指導要領解説算数編』や教科書，教科書の教師用指導書などを活用しながら十分に教材研究を行い，「本時の目標」をできるだけ具体的に定めることが大切である。その際，次の2点に留意したい。

・45分の授業で，それほど多くのことを指導することはできない。目標を1～2に絞り，それをしっかり達成できるようにする。
・知識・技能に関する目標だけではなく，思考・判断・表現や主体的に学習に取り組む態度に関する目標も大切にする。ただし，観点別学習状況の評価の3つの観点に関する目標を，毎時間の授業ですべて書かなければならないというものではない。

■学習指導案の形式■

　学習指導案の形式に決まったものはないが,「本時の展開」については,枠組みをつくって,いくつかの項目について計画を作成することが多い。
　例えば,次のような項目を設定することがある。

指導内容	学習活動	指導上の留意点

指導段階と主な発問	予想される児童の反応	留意点,評価

　各項目について,指導という場合には「教師が」,学習ならば「児童が」という観点で作成する。学習活動や予想される児童の反応については,できるだけ詳しく考えておくとよい。
　また,教師の主な発問についても,その内容を十分に検討して計画する。さらに,板書について,何をどこに書いて何を残しておくのかについても事前に計画しておくとよい。特に,主な発問も板書して,授業の流れが分かるような板書にすることが大切である。

■「指導上の留意点」の充実■

　学習指導案を作成しても,その通りに授業が進むとは限らない。児童の反応によって,追加・修正していくことが求められる。臨機応変で柔軟な対応を可能にするためには,「指導上の留意点」を充実させ,例えば次のようなことについても留意点として書いておくとよい。

〈問題提示の仕方〉
　同じ問題を提示するとしても,「板書する」「プリントにして配る」「プロジェクターで映す」など,様々な方法がある。

〈多様な考えの取り上げ方,まとめ方〉
　児童は多様な見方や考え方をする。それらをどのように取り上げ,どのようにまとめるかということは,授業の大きなポイントになる。いろいろな場合が考えられることから,十分に検討しておきたい。

§8 授業形態

算数科での授業形態としては，主に「一斉学習」「小集団学習」「個別学習」がある。それぞれの特徴を捉えた上で，指導目標や指導内容，児童の実態などに応じて授業形態を選択したり，組み合わせて授業をすすめることが大切である。

■一斉学習■
一人の教師が，同じ時間内に，同じペースでクラス全員の児童を同時に指導する形態である。一人の教師が多くの児童を効率よく教えることができることから，多くの授業が一斉学習によって行われている。
一斉学習には，教師による説明形式の他に，問答形式，討論形式がある。

[説明形式] 教師が説明をしながら新たな学習内容を身に付けさせていく授業である。教師の計画通りに授業は進むが，教師からの一方的で詰め込み的な授業になりやすく，一人ひとりの児童の個人差に応じることは難しい。

[問答形式] 教師が発問をして，児童がそれに答えることを通して新たな学習内容を身に付けさせていく授業である。児童とのやりとりをを通して理解を深めていくことができるが，どのようなタイミングで，どのような発問をするのかがポイントになる。

[討論形式] 問題や課題について，児童が互いに意見を出し合うことによって新たな学習内容を身に付けていく授業である。話し合いの中で考えが深められていくが，そこでの教師の適切な指導が重要である。

1時間の授業の中でも，これらの形式を組み合わせて，それぞれのよさを生かす授業形態を工夫するようにしたい。

■小集団学習（グループでの学習）■
クラスの児童をいくつかの小グループに分けて活動させる形態である。あ

らかじめ分けておいたグループで授業をすすめる場合と，授業の途中で随時グループをつくらせる場合がある。

一斉学習に比べると，一人ひとりの児童を生かすことができたり，児童に活動の場を多く与えることができるが，授業のどの場面で，どのような小集団学習をさせるのかということを吟味しておくことが大事である。

また，等質グループに分ける場合と異質グループに分ける場合があるが，グループ内での児童の役割が固定化してしまわないなど，グループ分けにも十分配慮する必要がある。

■ 個別学習 ■

児童一人ひとりに自分のペースで学習させていく形態である。例えば，学習内容を小さな段階に分け，それぞれの問いに答えながら学習をすすめていくというプログラム学習がある。また，教師がいろいろな問題を用意しておいて，自分のペースで解かせていくこともある。

これらの学習では，児童は自分に合った学習内容を選択して学習をすすめていくことから，「個人差に応じる」という長所はあるが，「個性を生かす」ことは難しい。一斉学習を基本としながら「個性を生かす」授業をすすめ，その中で，例えば計算の定着が必要な場合などに個別学習も取り入れるといった工夫をしたい。

指導においては，一人の教師だけではなく，複数の教師が協力して授業をすすめる形態（ティーム・ティーチング）がある。算数科では，例えば次のような指導も行われている。

Ⅰ　教師Ａが一斉学習をすすめ，その間に教師Ｂは児童を個別に指導する。
Ⅱ　教師Ａと教師Ｂが，役割を分担しながら二人で一斉学習をすすめる。
Ⅲ　場所を分けて，教師Ａと教師Ｂが学力や関心などに応じた指導をする。

ティーム・ティーチングによって，児童一人ひとりの個人差に応じた指導をより促進することもできる。なお，実施に当たっては，担当する教師同士が十分に教材研究をしたり，情報交換をしておくことが大事である。

§9 学習の評価

テストの点数をつけたり，通知票の評点をつけるなどの評定だけが評価ではない。「指導と評価の一体化」ということが強調されるように，学習指導にとって，評価は極めて重要である。

■指導と評価■

児童と教師にとって，評価には次のような意義がある。

- ・児童にとって……評価は児童の関心・意欲を高め，学習の方向づけに役立つ
- ・教師にとって……評価は教師自身が学習指導を見直し，修正や改善をしていくことにつながる

教師が画一的・注入的な指導をするのではなく，児童一人ひとりの学習活動を評価し，それを有効に生かしながら学習指導を進めていくことが大切である。そのためには，例えば評価観を次のように転換することが求められる。

〈結果中心から過程中心へ〉

「できた，できない」という結果だけを評価するのではなく，一人ひとりの児童がどのように考えているのかという思考過程に目を向け，その考え方や過程を評価する。

〈減点法から加点法へ〉

教師の目は，とかく児童の欠点やまちがいに向きがちであるが，児童の長所やよくできたところに目を向けて，ほめたり励ましたりしていくことを評価の基本に据える。

■診断的評価，形成的評価，総括的評価■

評価のねらいと時期によって，診断的評価，形成的評価，総括的評価に分けられる。

診断的評価は，指導計画を作成する前に，既習内容がどの程度定着しているのかなど，児童の実態を把握して参考資料を得るための評価である。学年

や学期，単元のはじめに，テストや調査などによって行われる。

　形成的評価は，学習指導の中で行われるものであり，児童のつまずきの原因や理解の程度を把握して学習指導に生かしていくための評価である。評価方法としては，ペーパーテストにこだわるものではなく，問答や観察が中心になり，この形成的評価は，「指導と評価の一体化」の中心的役割をなすものである。児童の様子をよく観察して評価し，その評価を学習指導に生かしていくようにしたい。しかし，形成的評価を重視するあまり，座席表などに細かくメモをとることに時間をかけるなど，学習指導よりも評価が優先してしまうことのないように留意する必要がある。

　総括的評価は，学年や学期，単元の終わりに，その期間の指導内容の全体について児童の習得状況を総括的に評価するための評価であり，ペーパーテストによって行われることが多い。

■観点別学習状況の評価■

　児童一人ひとりが目標をどの程度達成したかを評価の観点ごとに見極めて，学習指導の改善に役立てようとする評価であり，「目標に準拠した評価」（いわゆる絶対評価）を基本とするものである。

　算数科の観点別学習状況の評価について，観点は次の3つである。
　・知識・技能
　・思考・判断・表現
　・主体的に学習に取り組む態度

　これらの観点についてバランスよく評価し，児童の学習状況を多面的・総合的に把握する必要がある。また，評価に当たっては，児童のよい点や可能性を積極的に評価し，学習意欲の向上にもつなげるようにしたい。

　なお，これらの観点については，毎回の授業で全てを見取るのではなく，単元のまとまりの中で，指導と評価の場面を適切に設定することが重要である。また，「主体的に学習に取り組む態度」の評価については，挙手の回数やノートの取り方などの形式的な活動のみで判断することのないように留意する必要がある。

§10 戦前の算数教育の変遷

　明治5年（1872年）に学制が公布され，小学校が設置された。明治以降，昭和20年（1945年）第二次世界大戦終了までの算数教育を，教科書の変遷を中心に概観する。

■黒表紙教科書■

　明治38年（1905年）に，わが国最初の算数（当時は算術）の国定教科書『尋常小学算術書』が作成された。表紙の色（各ページも）が黒一色であったため，「黒表紙教科書」と呼ばれた。

　この教科書は，明治33年（1900年）の「小学校令施行規則」で定められた，次のような算数科の要旨に基づいて作成されたものである。

　「算術ハ日常ノ計算ニ習熟セシメ生活上必須ナル知識ヲ与エ兼ネテ思考ヲ精確ナラシムルヲ以テ要旨トス」

　計算の習熟，生活上必要な知識という実用的目的とともに，思考を重視するという陶冶的目的が示されている。藤沢利喜太郎が強調した数え主義に計算の基礎をおく「黒表紙教科書」教科書は，どのページも数字と文字が多く，計算問題が多くを占めていて，他に知識を授ける部分，そして応用問題の部分で構成されている。

　この教科書はその後3回改訂されたが，教科書作成の基本的な考え方が変わることはなく，大正時代から昭和まで約30年にわたって使われた。

■数学教育改良運動■

　わが国で黒表紙教科書が作成された頃，欧米の数学教育界では，1901年にペリー（Perry, J.）がイギリスで行った講演を契機として，数学教育改良運動が高まろうとしていた。翌年1902年にはアメリカでムーア（Moore, E.H.）が，そしてドイツではクライン（Klein, F.）が数学教育を改良していくことを強調した。

　この数学教育改良運動では，例えば次のようなことが提案された。

・ユークリッド幾何から脱却し，実験・実測を重視する。
・数学の実用性，有用性を重視する。
・数学の各分科を融合する。
・関数観念の育成と空間観念の育成を数学教育の中心とする。

　こうした数学教育改良運動の動向は次第にわが国にも紹介され，大正7年（1918年）には数学科教員協議会が開かれ，数学教育への関数の導入，実験・実測の重視などが協議された。この協議会を契機として，大正8年（1919年）に日本中等教育数学会（現在の日本数学教育学会）が創立された。

■緑表紙教科書■

　昭和10年（1935年）に，黒表紙教科書に代わって国定教科書『尋常小学算術』（表紙が緑色であったため「緑表紙教科書」と呼ばれた）第1学年用が作成され，昭和15年（1940年）には第6学年用が完成した。

　この教科書は数学教育改良運動の精神を反映したもので，「数理思想を開発する」「日常生活を数理的に正しくする」ということが目標にされた。実際の教科書は，黒一色ではなく色刷りの絵図が多く，教材は日常生活の中から取り上げるなど，児童の興味・関心を高めるものとなっている。また，実験・実測を重視したり，児童の活動を通して自ら考え，見いだすことを促すなど，現在の算数教育で大切にされてい

（1年下の教科書から）

る「関心・意欲」や「数学的活動」などにつながる画期的な教科書であった。

　ところが，緑表紙教科書が完成した翌年，昭和16年（1941年）には国民学校令が施行され，小学校は国民学校となり，算術は算数と名称を変えて理数科の中に位置づけられた。そして，国民学校理数科算数の水色表紙の教科書『カズノホン』（第1，2学年用），『初等科算数』（第3，4，5，6学年用）がつくられた。この教科書は，理科との関連が強調され，戦争に関する絵が入るなど戦時色が現れたが，内容としては緑表紙教科書と大きな違いはなかった。

§11　戦後の算数教育の変遷

戦後，ほぼ10年ごとに学習指導要領が改訂され，算数教育も大きく変わってきた。学習指導要領改訂ごとに8つの時代（以下のⅠ〜Ⅷ）に区分して，戦後の算数教育の変遷を概観する。

■ Ⅰ 「生活単元学習」（昭和22，26年〜）■

戦後，アメリカの教育使節団の報告書に基づいて6，3，3，4制などの学校制度がスタートし，昭和22年（1947年）に，はじめての学習指導要領が作成された。文部省が「試案」の形でまとめた『学習指導要領算数科・数学科編（試案）』であり，昭和26年（1951年）には改訂版が作成された。

この時代は，児童主体で，児童の生活・経験中心の生活単元学習が強調され，昭和26年の『小学校学習指導要領算数科編（試案）』では，算数科の一般目標として，大きく次の2つが示されている。

(1) 算数を，学校内外の社会生活において，有効に用いるのに役立つ，豊かな経験を持たせるとともに，物事を，数量関係から見て，考察処理する能力を伸ばし，算数を用いて，めいめいの思考や行為を改善し続けてやまない傾向を伸ばす。

(2) 数学的な内容についての理解を伸ばし，これを用いて数量関係を考察または処理する能力を伸ばすとともに，さらに，数量関係をいっそう手ぎわよく処理しようとして，くふうする傾向を伸ばす。

(1)は社会的目標，(2)は数学的目標であり，それぞれについてさらに具体的な目標（(1)に6項目，(2)に8項目）が示されている。

(1)の社会的目標に関連して，児童の生活上の問題を解決するために算数を用いることが強調された。そして，例えば6年生の教科書の目次には，社会生活に関する次のような項目が並んでいる。

・学級文庫　・学校園　・でんせん病　・夏休み　・家の手つだい

しかし，計算力や算数としての系統的な学力の低下など，生活単元学習に

対していろいろな批判が出されるようになった。

■Ⅱ 「系統学習」（昭和33年～）■

「基礎学力の充実」や「科学技術教育の向上」などが強調され，昭和33年（1958年）に，数学の系統を重視した学習指導要領が作成された。なお，学習指導要領から「試案」がとられて文部省告示として示され，教育課程の基準としての性格が明確になった。

算数科の目標は5項目になり，簡潔に示されるようになった。目標では「基礎的な概念や原理の理解」や「基礎的な知識の習得と技能の習熟」が重視されるとともに，

・より進んだ数学的な考え方や処理のしかたを生み出すことができるようにする。
・数学的な考え方や処理のしかたを，進んで日常の生活に生かす態度を伸ばす。

として「数学的な考え方」ということがはじめて明示された。

この時代の算数の指導時数は次の通りであり，Ⅲの「現代化」の時代と並んで多くの時数が確保された。

学　　年	1年	2年	3年	4年	5年	6年
週当たりの指導時数	3	4	5	6	6	6

■Ⅲ 「現代化」（昭和43年～）■

昭和32年（1957年）にソ連（現在のロシア）が世界初の人工衛星スプートニクの打ち上げに成功するなど，科学技術の発達が急速になった。それに伴って科学技術教育の振興が求められ，世界的規模で数学教育の現代化への取り組みが行われた。数学教育現代化運動である。

この運動の特徴は，19世紀末から発達した集合論，抽象代数，位相数学，確率・統計などの現代数学を学校数学にも取り入れようとしたものであり，数学カリキュラムの研究が行われ，米国のＳＭＳＧ，英国のＳＭＰなどによってテキストが作成された。

数学教育現代化運動の動きを受けて、わが国では昭和43年（1968年）に学習指導要領が改訂され、算数では「集合」「関数」「確率」などの考えが小学校にも新たに取り入れられた。そして学習指導要領では、

「日常の事象を数理的にとらえ、筋道を立てて考え、統合的、発展的に考察し、処理する能力と態度を育てる」

という算数科の総括的目標が示され、さらに5項目の具体的な目標が示された。この中の「統合的、発展的に考察し」ということが、現代化の精神を反映している。

　実際の指導では、新しい概念が形式的に指導されたり指導内容が多すぎることなどから、「落ちこぼれ」をつくっているとの批判が強まった。

■ Ⅳ　「基礎・基本」（昭和52年〜）■

　現代化の軌道修正が叫ばれ、「ゆとりと充実」をスローガンとして、昭和52年（1977年）に学習指導要領が改訂された。算数科の目標には具体的な目標が示されず、表現が簡潔になって、

「数量や図形について基礎的な知識と技能を身につけ、日常の事象を数理的にとらえ、筋道を立てて考え、処理する能力と態度を育てる。」

と改められた。「基礎的な知識と技能」が強調され、「統合的、発展的に考察し」ということは目標からなくなった。

　そして指導内容は、基礎的・基本的な内容に精選された。

■ Ⅴ　「質的な充実」（平成元年〜）■

　平成元年（1989年）に学習指導要領が改訂され、次の2つの観点から算数科の改善が行われた。

・情報化などの社会の進展に適切に対応できるようにすること
・論理的な思考力や直観力の育成を重視すること

算数科の目標は、

「数量や図形についての基礎的な知識と技能を身に付け、日常の事象について見通しをもち筋道を立てて考える能力を育てるとともに、数理的な処理のよさがわかり、進んで生活に生かそうとする態度を育てる。」

とされ，「見通し」「よさ」「進んで生活に生かす」ということが加わった。

　指導内容や指導時数については，これまでの改訂のような大幅な変更はないが，算数教育の質的な充実を図るために，学習指導要領で指導の方法についての示唆も加えることとした。例えば「指導計画の作成等」の中では，「具体的な操作や思考実験などの活動」などが強調された。

　また，自ら学ぶ意欲や思考力，判断力，表現力などの育成を基本とする「新しい学力観」が強調され，学習指導の質的な充実が求められた。

■Ⅵ　「生きる力」（平成10年～）■

　「ゆとり」の中で自ら学び自ら考える力などの「生きる力」を育成することを基本的なねらいとして，平成10年（1998年）に学習指導要領が改訂された。

　算数科の目標には，次のように「算数的活動」や「活動の楽しさ」という新しい表現が含められた。

　　「数量や図形についての算数的活動を通して，基礎的な知識と技能を身に付け，日常の事象について見通しをもち筋道を立てて考える能力を育てるとともに，活動の楽しさや数理的な処理のよさに気付き，進んで生活に生かそうとする態度を育てる」

　このように，児童が「目的意識をもって主体的に取り組む」算数的活動を通して算数の授業をすすめることが明確に示された。

　一方，学校週5日制の実施や「総合的な学習の時間」の新設に伴って算数の指導内容が厳選され，内容の軽減や削除，上の学年や中学校数学への移行統合が大幅に行われるとともに，算数の指導時数も削減された。

■Ⅶ　「生きる力（継続）」（平成20年～）■

　約60年ぶりに教育基本法（平成18年12月制定）が改正され，これからの教育の目的や理念などが定められた。これを踏まえ，「生きる力」の育成を一層重視して，平成20年（2008年）に学習指導要領が改訂された。

　算数科の目標は次の通りである。

　　「算数的活動を通して，数量や図形についての基礎的・基本的な知識及

び技能を身に付け，日常の事象について見通しをもち筋道を立てて考え，表現する能力を育てるとともに，算数的活動の楽しさや数理的な処理のよさに気付き，進んで生活や学習に活用しようとする態度を育てる」

これまでの学習指導要領の目標と比べると，算数的活動を通して算数の授業をすすめるということに変わりはないが，次ような変更点がある。

・「表現する（能力）」という文言を加え，考える能力とともに表現する能力を重視している。
・「進んで生活や学習に活用しようとする態度を育てる」として「学習」という文言を加えるとともに，「生かそうとする」を「活用しようとする」とし，活用を重視している。

前回の改訂で厳選された指導内容（軽減や削除，上の学年や中学校数学への移行統合）については，そのほとんどが再び小学校で指導されることになり，算数の指導時数も増加した。

また，各学年においては，算数的活動の内容が示されている。『小学校学習指導要領解説算数編』（文部科学省，平成20年8月）において，「教師の説明を一方的に聞くだけの学習や，単なる計算練習を行うだけの学習は，算数的活動には含まれない」と述べられていることをふまえて算数の授業を行っていくことが大切である。

Ⅷ 「資質・能力」（平成29年〜）

今回の学習指導要領改訂では「生きる力」をより具体化し，育成を目指す資質・能力を，「知識及び技能」，「思考力，判断力，表現力等」，「学びに向かう力，人間性等」の三つの柱に沿って明確化した。小学校算数科の目標についてもこの三つの柱で整理して，次のように示されている。

「数学的な見方・考え方を働かせ，数学的活動を通して，数学的に考える資質・能力を次のとおり育成することを目指す。
(1) 数量や図形などについての基礎的・基本的な概念や性質などを理解するとともに，日常の事象を数理的に処理する技能を身に付けるようにする。

(2) 日常の事象を数理的に捉え見通しをもち筋道を立てて考察する力，基礎的・基本的な数量や図形の性質などを見いだし統合的・発展的に考察する力，数学的な表現を用いて事象を簡潔・明瞭・的確に表したり目的に応じて柔軟に表したりする力を養う。
(3) 数学的活動の楽しさや数学のよさに気付き，学習を振り返ってよりよく問題解決しようとする態度，算数で学んだことを生活や学習に活用しようとする態度を養う。」

　平成10年改訂の学習指導要領で算数科の目標に位置づけられた算数的活動は，中学校・高等学校数学と同様に数学的活動に統一された。しかし，児童が「目的意識をもって主体的に取り組む」活動を通して算数の授業をすすめることなどを重視することに変わりはない。

　算数科の内容については，統計的な内容を充実する観点から，特に「データの活用」が重視されている。例えば第6学年にドットプロットが入り，これまで中学校第1学年にあった中央値や最頻値といった代表値も小学校で取り扱うことになった。

　領域は「A数と計算」「B図形」「C測定」「C変化と関係」及び「Dデータの活用」の五つの領域に変わった。下学年は「A数と計算」「B図形」「C測定」及び「Dデータの活用」の四つの領域とし，上学年は「A数と計算」「B図形」「C変化と関係」及び「Dデータの活用」の四つの領域としている。

　戦前と戦後の算数教育の変遷を概観すると，算数教育は時代とともに大きく変化してきたことが分かる。その変化の背景としては，児童の理解，教師の指導，社会の動向などの様々な要因が考えられる。

　算数教育の変遷を振り返りつつ，「何のために算数を教えるのか」「算数の授業を通してどのような資質・能力を育てるのか」などについて確認や検討をしながら，それを実現するための算数教育の在り方を求めていきたい。

（相馬一彦）

【著者紹介】
算数科授業研究の会（さんすうかじゅぎょうけんきゅうのかい）

＊執筆者一覧（五十音順）
熊倉　啓之　静岡大学
近藤　　裕　奈良教育大学
佐々木徹郎　愛知教育大学
鈴木　明裕　岐阜聖徳学園大学
瀬沼　花子　玉川大学
相馬　一彦　北海道教育大学
二宮　裕之　埼玉大学
日野　圭子　宇都宮大学
松島　　充　香川大学
松元新一郎　静岡大学
山崎　浩二　岩手大学

改訂新版　算数科教育の基礎・基本

2019年2月初版第1刷刊　Ⓒ著　者　算数科授業研究の会
2023年4月初版第4刷刊　　発行者　藤　原　光　政
　　　　　　　　　　　　発行所　明治図書出版株式会社
　　　　　　　　　　　　http://www.meijitosho.co.jp
　　　　　　　　　　　　（企画）木山麻衣子（校正）大江文武
　　　　　　　　　　　　〒114-0023　東京都北区滝野川7-46-1
　　　　　　　　　　　　振替00160-5-151318　電話03(5907)6702
　　　　　　　　　　　　ご注文窓口　電話03(5907)6668

＊検印省略　　　　　　組版所　株式会社明昌堂

本書の無断コピーは，著作権・出版権にふれます。ご注意ください。

Printed in Japan　　　ISBN978-4-18-075638-4
もれなくクーポンがもらえる！読者アンケートはこちらから →